高职高专会计专业(新准则)系列教材

财经基本技能与训练
(第二版)

盛永志 主 编
崔 澜 周广秀 车立秋 副主编
刘东辉 主 审

上海财经大学出版社

图书在版编目(CIP)数据

财经基本技能与训练/盛永志主编．—2版．上海：上海财经大学出版社，2011.8

高职高专会计专业(新准则)系列教材

ISBN 978-7-5642-1109-7/F・1109

Ⅰ．①财… Ⅱ．①盛… Ⅲ．①会计-高等职业教育-教材 Ⅳ．①F23

中国版本图书馆 CIP 数据核字(2011)第 130604 号

□ 封面设计　张克瑶
□ 责任编辑　张美芳
□ 电　　话　021—65904700
□ 电子邮箱　apin001@163.com
□ 责任校对　王从远

CAIJING JIBENJINENG YU XUNLIAN

财 经 基 本 技 能 与 训 练
(第二版)

盛永志　　　　　主　编
崔　澜　周广秀　车立秋　副主编
刘东辉　　　　　主　审

上海财经大学出版社出版发行
(上海市中山北一路 369号乙 邮编 200083)
网　　址：http://www.sufep.com
电子邮箱：webmaster @ sufep.com
全国新华书店经销
虎彩印艺股份有限公司印刷装订
2011 年 8 月第 2 版　2018 年 9 月第 6 次印刷

710mm×960mm　1/16　14 印张　243 千字
印数：15 291—15 790　定价：29.00 元

高职高专会计专业(新准则)系列教材

编审委员会

主　任　金绍珍
副主任　张弘强　刘东辉
委员(以姓氏笔画为序)

于冬梅	车立秋	田玉兰	吕　超	邬秋颖
刘海燕	刘智英	孙　烨	李恩媛	迟艳琴
张亚萍	林　丽	林秀琴	季秀杰	郑建志
赵丽莉	段洪成	修雪丹	姜　明	郭景泉
唐丽华	崔　澜	崔仙玉	盛永志	葛寰中

前　言

经济和社会快速发展对财务工作者应知应会的技能方面要求日新月异，这些技能包括计算方面的技能、书写方面的技能和应用信息处理工具的技能等，这些技能的形成要靠学生求学阶段的铺垫，更要靠踏上工作岗位之后的反复强化和提高。

在上海财经大学出版社的热情支持下，经过长期、认真的酝酿和准备，我们对《财经基本技能》进行了全面修订，并更名为《财经基本技能与训练》。

本次修订在秉承原教材特色的基础上，充分吸收了各方意见，在第一版教材对珠算、珠心算、点钞、数字书写、计算器使用、小键盘数字输入等技能介绍的基础上，增加了简易经济数据的理解与运用、外汇保值与套利技术、凭证单据的审核等新的章节。新增加的技能更加突出实用性，更加注重培养财经工作者运用技能解决问题的能力。

(1)简易经济数据的理解与运用部分，立足于培养对简易和常见经济数据的敏感度和基础性认识，主要介绍经济数据的来源、形式及基本分析利用等。

(2)外汇保值与套利技术部分，立足于让财经工作者将简易的外汇套利、保值技术变成岗位拓展技能，从而为所在的企业做出更大贡献，主要介绍了外汇、汇率、外汇市场套利及避险方面的知识和方法。

(3)凭证单据的审核部分，立足于培养财经工作者对企业经济活动严谨和负责的工作态度和技能，主要介绍企业日常经济活动中流转量较大的凭证单据的审核要点和方法。

此外，我们对原教材中部分章节进行了适当删改，内容更加简明、结构更加紧凑。

本教材适合作为大、中专教材。教材每章后所附习题按"基本技能训练"和"应用与思考"两部分进行编排，并充分吸纳了社会上通行的关于各该项技能的"达标训练"。本教材讲求讲练结合、图文并茂、文字精炼、点到即止，为深入学习相关专业课程及从事专业领域深造提供基础和条件。

本教材由哈尔滨金融学院盛永志副教授担任主编，崔澜、周广秀副教授及车立秋老师担任副主编，刘东辉教授担任主审。编写分工如下：盛永志（第二、四、八、十章）、崔澜（第三、五、七章）、车立秋（第一、九、十一章）、周广秀（第六、十二章）。全书由盛永志负责修改、总纂并最后定稿。

由于时间仓促，加之作者水平有限，书中不当之处在所难免，恳请广大教师、学生及其他读者不吝指正。

编　者
2011年7月15日

目　录

前言 …………………………………………………………	1
第一章　会计数字的书写与订正方法 ……………………	1
第一节　阿拉伯数字的书写 ………………………………	1
第二节　中文大写数字的书写 ……………………………	5
第三节　订正规则 …………………………………………	8
业务题 ……………………………………………………	10
第二章　珠算基本知识 ……………………………………	14
第一节　珠算的产生与发展 ………………………………	14
第二节　算盘的基本结构与记数规则 ……………………	16
第三节　珠算的基本指法 …………………………………	18
第四节　珠算基本概念和术语 ……………………………	19
第五节　学习珠算的策略和方法 …………………………	21
业务题 ……………………………………………………	23
第三章　珠算加法 …………………………………………	25
第一节　珠算加法概述 ……………………………………	25
第二节　珠算加法的基本算法 ……………………………	26
第三节　传票算与账表算 …………………………………	32
业务题 ……………………………………………………	38

1

财经基本技能与训练

第四章　珠算减法 …… 53
第一节　珠算减法概述 …… 53
第二节　珠算减法的基本算法 …… 54
第三节　简捷加减法 …… 59
业务题 …… 64

第五章　珠算乘除法 …… 76
第一节　乘除法概述 …… 76
第二节　空盘前乘法 …… 92
第三节　破头乘法 …… 97
第四节　商除法 …… 100
业务题 …… 107

第六章　珠算式心算加减法 …… 114
第一节　珠算式心算概述 …… 114
第二节　珠算式心算训练过程 …… 115
业务题 …… 119

第七章　数字小键盘操作 …… 124
第一节　数字小键盘概述 …… 124
第二节　数字小键盘操作要领 …… 126
业务题 …… 129

第八章　电子计算器的使用 …… 133
第一节　一般型计算器的外部结构及各键功能 …… 134
第二节　一般型计算器的基本操作方法 …… 136
业务题 …… 139

第九章　点钞基本方法 …… 141
第一节　人民币的真伪鉴别 …… 142
第二节　人民币兑换与挑剔 …… 147

第三节 手工点钞法 ··· 149
第四节 机器点钞法 ··· 161
  业务题 ··· 164

第十章 简易经济数据的理解与运用 ································ 166
第一节 经济数据及其来源 ··· 167
第二节 绝对数与相对数 ··· 168
第三节 数据的分析与利用 ··· 171
  业务题 ··· 173

第十一章 外汇套利和保值技术 ····································· 176
第一节 外汇、汇率和外汇交易概述 ······························ 176
第二节 外汇套利技术 ·· 180
第三节 外汇保值技术 ·· 183
  业务题 ··· 186

第十二章 凭证单据的审核 ·· 188
第一节 企业经济活动中常见凭证单据概述 ······················ 188
第二节 外来凭证单据的审核要点和注意事项 ··················· 192
第三节 内部凭证单据的审核要点和注意事项 ··················· 200
  业务题 ··· 203

附录 ··· 206

参考文献 ·· 212

第一章　会计数字的书写与订正方法

内容提示

本章主要讲解了阿拉伯数字的书写方法、汉字的书写和读数要求及书写过程中如何订正以及订正的规则。其中阿拉伯数字的书写方法是重要和基本的技能，需要详细学习、认真体会。

阿拉伯数字共有10个，突出的特点是书写容易，在经济活动和日常生活中经常使用。规范的阿拉伯数字书写会给生活和工作带来方便，避免出现不必要的麻烦及纠纷等。

第一节　阿拉伯数字的书写

一、阿拉伯数字的发展历史

阿拉伯数字是由0、1、2、3、4、5、6、7、8、9构成的。它经阿拉伯人（实际上它的发明人是印度人，而不是阿拉伯人）传到欧洲的，因而习惯上称阿拉伯数字。后又经欧洲人传到世界各地，便在全世界流行起来。

二、阿拉伯数字的优缺点

(一)优点

阿拉伯数字是最基本的数字符号,可以带来一系列的简化效果。在会计簿记中,之所以大范围地使用阿拉伯数字,正是由于它容易书写,可以使有关记录、核算工作大大简化。

(二)缺点

1. 阿拉伯数字本身没有计算功能

这是阿拉伯数字的一个重要缺陷。例如,4+5=9,但是由 4、5 这两个数字符号是不能直接变成 9 的,必须使用其他方法求出得数而完成计算。

2. 阿拉伯数字容易涂改

例如,1 容易改成 7,7 容易改成 9,0 容易改成 2,9,3 容易改成 5,8,5 容易改成 8,4 容易改成 6 等等(见图 1—1)。这对记录数据是非常不利的。这是阿拉伯数字的又一个缺陷。

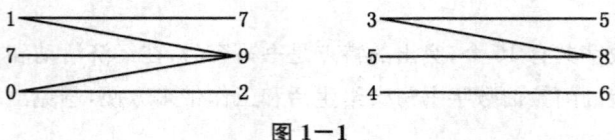

图 1—1

三、阿拉伯数字的书写

数字是计算的前提,一切计算的过程和结果都要通过数字来表示和反映。没有数字,计算就无法进行。

(一)阿拉伯数字书写的有关规定

阿拉伯数字的书写一般要求规范化,即必须迅速、正确、易于辨认,防止相互混淆和篡改。

写数时,每一个数字都要占有一个位置,每一个位置表示各种不同的单位。数字所在位置表示的单位,称为"数位"。数位按照个、十、百、千、万的顺序由小到大、从右到左排列,但写数和读数的习惯顺序,都是由大到小、从左到右的(见表 1—1)。

表 1—1　　　　　阿拉伯数字数位排列

数位	万万万位	千万万位	百万万位	十万万位	万万位	千万位	百万位	十万位	万位	千位	百位	十位	个位	十分位	百分位	千分位	万分位	十万分位	百万分位
读法	兆	千亿	百亿	十亿	亿	千万	百万	十万	万	千	百	十	个	分	厘	毫	丝	忽	微

阿拉伯小写金额数字要认真填写,不得连写,以免分辨不清。阿拉伯小写金额数字中有"0"时,中文大写应按照汉语语言规律、金额数字构成和防止涂改的要求进行书写。例如,￥11 508.40,应写成人民币壹万壹仟伍佰零捌元肆角。

阿拉伯数字中间连续有几个"0"时,中文大写金额中间可以只写一个"零"字。例如,80 009.25,应写成人民币捌万零玖元贰角伍分。

阿拉伯数字在书写时,是与数位结合在一起的。书写的顺序是由高位到低位、从左到右依次写出各位数字。例如,柒仟捌佰陆拾伍应写成 7 865。

如果某一个数位没有数字,就写一个"0"来表示;如果是整数,则比它小的数位均需用"0"表示出来。例如,柒仟肆佰零捌应写成 7 408,叁万应写成 30 000。

(二)采用三位分节制

使用分节号能够较容易地辨认数的数位,有利于数字的书写、阅读和计算工作。我国过去以四位数为一节,后按国际惯例,数的整数部分采用三位分节制,从个位自右向左每三位数用分节号","分开,即三位一撇,并在个位的右下角加列小数点。例如,3,210.28。但国际上不用","号而以空格代替。

带小数的数,应将小数点记在个位与十分位之间的下方。

一般账表凭证的金额栏印有分位格,元位前每三位印一粗线代表分节号,元位与角位之间的粗线则代表小数点,记数时不要再另加分节号或小数点。

(三)关于人民币符号"￥"的使用

在填制凭证时,小写金额前一般均冠以人民币符号"￥",且在"￥"与数字之间,不能留有空位,以防止金额数字被人涂改。书写人民币符号"￥",尤其是草写"￥"时,要注意与阿拉伯数字有明显的区别。例如:￥7 659 823.62,即为人民币柒佰陆拾伍万玖仟捌佰贰拾叁元陆角贰分。

在登记账簿、编制报表时,不能使用"￥"符号,因为账簿、报表上,不存在金额数字被涂改而造成损失的情况。在账簿或报表上如果使用"￥"符号,反而会增加错误的可能性。

(四)关于金额角、分的写法

在无金额分位格的凭证上,所有以元为单位的阿拉伯数字,除表示单价等情况外,一律写到角、分,无角、分的,角位和分位可写"00"或符号"一",有角无分的,分位应写"0",不得用符号代替。例如,人民币玖拾捌元整,可以写成"￥98.00",也可以写成"￥98.一",人民币陆拾柒元伍角整,应写成"￥67.50",不能写成"￥67.5一"。

四、数的读法

(一)万以下数的读法

每读出一个数字,接着读出该数字所在的位数,如37 268应读作叁万柒仟贰佰陆拾捌。

(二)万以上数的读法

对于万位以上的数,每读出一个数字,接着只读出该数字所在位数的第一个字。如2 738 426,读作贰佰柒拾叁万捌仟肆佰贰拾陆,314 628 957,读作叁亿壹仟肆佰陆拾贰万捌仟玖佰伍拾柒。

(三)中间有零的数的读法

数字中间有零的,不论是一个或连续几个零,都只读一个"零"而不读出其所在的位数。如3 072,读作叁仟零柒拾贰;400 025读作肆拾万零贰拾伍。

(四)后面有零的数的读法

数字末尾有零的数的读法,既不读零,也不读零所在的位数。如3 000,读作叁仟;4 200,读作肆仟贰佰。

五、账表凭证上的书写要求

在有金额分位格的账表凭证上,主要是在账簿上,阿拉伯数字的书写结合记账规则需要,有特定的要求。

(一)规范化写法(见图1—2)

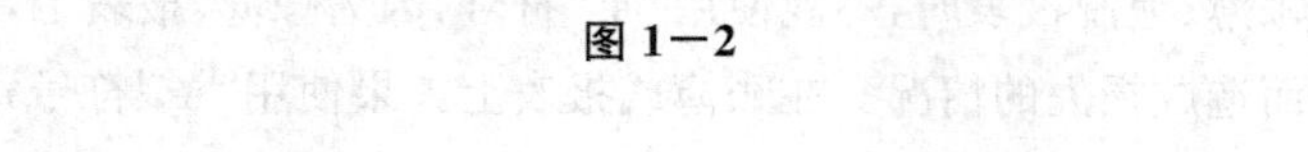

1 2 3 4 5 6 7 8 9 0

图1—2

(二)书写时的要求

(1)写数字要自上而下、先左后右,一个一个写,不要连写,以免分辨不清。
(2)斜度约以60度为准。
(3)高度以账表格的1/2为准。
(4)除"7"和"9"下伸次行上半格的1/4外,其他数字要靠在底线上。
(5)"6"的竖上伸至上半格的1/4处。
(6)"0"字不要有缺口。
(7)"4"的顶部不封口。
(8)从最高位起,以后各格必须写完,如陆仟捌佰伍拾元,其写法如表1—2所示。

表1—2

万	千	百	十	万	千	百	十	元	角	分
					6	8	5	0	0	0

而表1—3和表1—4的写法均是错误的。

表1—3

万	千	百	十	万	千	百	十	元	角	分
					6	8	5			

表1—4

万	千	百	十	万	千	百	十	元	角	分
					6	8	5	0		

(9)小数点和分节号要写清楚,例如,36,251.78中的","为分节号,"."为小数点。
(10)如果书写中发生错误,不必更换凭证,只要采用正确的更正方法即可。

第二节 中文大写数字的书写

为了弥补阿拉伯数字容易涂改的不足,在经济活动和日常工作中记载数字时,既要书写阿拉伯数字,又要书写中文汉字,而且写出的汉字应便于识别、不易涂改。

一、中文大写数字书写的有关规定

中国人民银行《支付结算制度汇编》规定,银行、单位和个人填写的各种票据和结算凭证是办理支付结算和现金收付的重要依据,也是记载经济业务和明确经济责任的一种书面证明。由于它直接关系到支付结算的准确、及时和安全,因此,填写票据和结算凭证必须做到标准化、规范化,即要做到数字正确、字迹清楚、不错漏、不潦草,以防止涂改。

(一)用正楷或行书字书写

为了预防将来出现涂改的情况,在书写阿拉伯数字的同时,还要用规范的汉字书写。汉字书写一定要规范,一律用正楷字或行书字书写,不得自造简化字。如壹、贰、叁、肆、伍、陆、柒、捌、玖、拾、佰、仟、万、亿、圆(元)、角、分、零、整(正)等易于辨认、不易涂改的字样,不得用一、二(两)、三、四、五、六、七、八、九、十、廿、仨、毛、另(或0)、园等字样代替。

(二)"人民币"与数字之间不得留有空位

有固定格式的重要单证,大写金额栏一般都印有"人民币"字样,数字应紧接在"人民币"后面书写,在"人民币"与数字之间不得留有空位。大写金额栏没有印"人民币"字样的,应加填"人民币"三字。在票据和结算凭证大写金额栏内不得预印固定的"仟、佰、拾、万、仟、佰、拾、元、角、分"字样。

(三)"整(正)"字的用法

汉字大写金额数字到"元"为止的,在"元"字之后,应写"整"字;到"角"为止的,在"角"位后可不写"整"字;到"分"为止的,"分"字之后,不写"整"字。

"整"字笔画较多,在书写数字时,常常将"整"字写成"正"字。这两个字在此处的意义是相同的。

(四)有关"零"的写法

阿拉伯金额数字有"0"时,汉字大写金额应怎样书写?这要看"0"所在的位置。对于数字尾部"0",不管是一个还是连续几个,汉字大写到非零数位后,用一个"整(正)"字结尾,都不需用"零"来表示。如"¥8.50",汉字大写金额写成"人民币捌元伍角整";又如"¥200.00",应写成"人民币贰佰元整"。至于阿拉伯金额数字中间有"0"时,汉字大写应按照汉语语言规律、金额数字构成和防止涂改的要求进行书写。具体如下：

(1)阿拉伯金额数字中间有"0"时，汉字大写金额要写"零"字。如"￥704.76"，汉字大写金额应写成"人民币柒佰零肆元柒角陆分"。

(2)阿拉伯金额数字中间连续有几个"0"时，汉字大写金额可以只写一个"零"字。如"￥9 006.23"，汉字大写金额应写成"人民币玖仟零陆元贰角叁分"。

(3)阿拉伯金额数字元位是"0"，或者数字中间连续有几个"0"，元位也是"0"，但角位不是"0"时，汉字大写金额中可以只写一个"零"字，也可以不写"零"。如"￥4 880.52"，汉字大写金额应写成"人民币肆仟捌佰捌拾元零伍角贰分"或者写成"人民币肆仟捌佰捌拾元伍角贰分"；又如"￥92 000.48"，汉字大写金额应写成"人民币玖万贰仟元肆角捌分"。

(4)阿拉伯金额数字角位是"0"，而分位不是"0"的，汉字大写金额元字后面应写"零"字。如"￥745.08"汉字大写金额应写成"人民币柒佰肆拾伍元零捌分"；又如"￥9 900.07"，应写成"人民币玖仟玖佰元零柒分"。

(五)有关"壹"字的要求

在书写数字金额大写汉字时不能遗漏。平时口语习惯说"拾几"、"拾几万"，在这里"拾"字仅代表数位，不是数字。"壹拾"既代表位数，又代表数字，所以壹拾几的"壹"字不能遗漏。如"￥17.78"，汉字大写金额应写成"人民币壹拾柒元柒角捌分"；又如"￥160 000.00"，应写成"人民币壹拾陆万元整"。

票据的出票日期必须使用中文大写。为防止变造票据的出票日期，在填写月、日时，月为壹、贰和壹拾的，日为壹至玖和壹拾、贰拾、叁拾的，应在其前加"零"；日为拾壹至拾玖的，应在其前加"壹"。例如，1月18日，应写成零壹月壹拾捌日。再如，10月30日，应写成零壹拾月零叁拾日。若票据出票日期是用小写填写的，银行不予受理。大写日期未按要求规范填写的，银行可不予受理，但由此造成损失的，由出票人自行承担。

二、大写金额的写法举例

正确写法与错误写法对照如表1—5所示。

表 1-5　正确写法与错误写法对照

小写金额	大写金额		
	正确写法	错误写法	错误原因
￥6 000.00	人民币陆仟圆整	人民币:陆仟圆整	"人民币"后面多写冒号
￥460.80	人民币肆佰陆拾圆捌角整	人民币肆佰陆拾零圆捌角整	"零"字用法不对
￥16.05	人民币壹拾陆圆零伍分	人民币拾陆圆伍分	漏写"壹"字和"零"字
￥460.80	人民币肆佰陆拾圆零捌角整	人民币肆佰陆拾圆捌角零分	多写"零分"二字
￥100 600.00	人民币壹拾万零陆佰圆整	人民币拾万陆佰圆整	漏写"壹"字和"零"字
￥7 600 000.04	人民币柒佰陆拾万圆零肆分	人民币柒佰陆拾万另肆分	漏写"圆"字,"零"字错写为"另"

三、结算凭证的书写要求

金融与财会部门在日常业务往来中,经常要用汉字来书写金额数字,如开户单位向银行提交的各种结算凭证,银行为国民经济各部门、各单位办理资金划拨、现金存款等业务。为此,财政部、中国人民银行总行和中国文字改革委员会在 1963 年联合通知规定了凭证的填写方法,1984 年财政部又在《会计人员工作规则》中再次予以明确。中国人民银行总行也多次作了布置和指示。例如,针对银行在审查各种凭证时大、小写金额数字方面可能出现的问题,又作出以下几点规定:

(1)汉字大写金额数字,如果有的单位书写金额数字中使用繁体字(如貳、陸、億、萬、圓)的,也可以受理。

(2)汉字大写金额数字到"角"为止,如果"角"位后没写"整"字的,可通融受理。

(3)汉字大写金额数字有"分"位的,"分"字后面多写了"整"字的,可通融受理。

第三节　订正规则

书写数码字要求规范化,并且要整齐大方。如果在书写过程中出现错误,不应该随便改动,而应该按规范化要求更正。

一、写数

在珠算、计算器和计算机的使用过程中,总要记录运算结果,处理经济类的业务也离不开数码字的书写,因此数码字的书写就成了珠算、计算器和计算机学习中不可缺少的一个重要环节。

(一)汉字大写数字的书写

汉字大写数字主要用于填写需要防止涂改的信用凭证,如收据、借据、发货票、支票、合同书及委托合同等。中文大写数字庄重,笔画繁多,可防篡改,有利于避免混乱和经济损失。书写如下:

基数词:壹、贰、叁、肆、伍、陆、柒、捌、玖、零。

数位词:个、拾、佰、仟、万、亿。

读写规则:

(1)基数词要与数位词结合起来表示数。

例如,"￥120.00"大写为"人民币壹佰贰拾元整"。

(2)数字之间不能留空位。写数字的顺序与读一样,如果数目中有相邻两个以上"0"时,大写时只写一个"零"字。如果连续有几个"0",个位也是"0",十分位不是"0"时,大写可不写零字。

例如,"￥2 000.46"大写为"人民币贰仟元肆角陆分"。

(3)字末尾元、角以下没有"分"时,要写"整"字收尾。

例如,"￥43.00"大写为"人民币肆拾叁元整"。

汉字大写数字不能写错,也不能漏写,一旦出现差错,要重新填制凭证,不能涂改。

(二)汉字小写数字的书写

基数词:一、二、三、四、五、六、七、八、九、十。

数位词:个、十、佰、仟、万、亿。

汉字小写数字用于无需防止涂改的情况,如计划、总结、请示及报告等。读写规则与大写汉字数码完全相同,这里不再举例。

二、订正的方法

如果数字书写发生了错误,就要订正。订正数字要求规范化,不能在原来数字上涂改、挖补、刮擦或用消字药水销迹。阿拉伯数字出现错误,不必换凭证。更正办法是先将错误数字从头到尾加一道横线完全划掉,并加盖订正人的图章,以示负责;然后再将正确数字写在上方。注意一定是一个完整的数字,不准只改一半,更不准在原数上涂改其中一个数字,以免混淆不清。只有部分数字写错(哪怕只有一个数字),也要把全部数字划线勾掉更正,这种改正方法叫划线更正法。例如,"3 435.00"正确的更正写法如图1—3所示。

万	千	百	十	元	角	分
	3	4	3	5	0	0
	3	5	3	4	0	0

图1—3

不正确的更正方法如图1—4和图1—5所示。

万	千	百	十	元	角	分
		4	3	5		
	3	5	3	4	0	0

图1—4

万	千	百	十	元	角	分
		4		5		
	3	5	3	4	0	0

图1—5

在会计、统计以及其他经济类工作中,数字不许涂改、乱擦或挖补,更不许用消字药水消去数字,应该一律采用划线更正法加以更正。但一个结果最多只能修改两次。大写数字出现错误或漏写,必须重新填写。这一点,我们从书写珠算数字开始,就应该养成一个良好习惯,为将来工作打下基础。

业务题

一、基本技能训练

(一)用小写数字写出下列各数(应写上"¥"符号)

1. 人民币柒拾叁万肆仟伍佰玖拾捌元整

2. 人民币陆佰零贰万元整

3. 人民币壹拾玖万元整

4. 人民币贰佰壹拾柒万零叁拾肆元零伍分

5. 人民币叁佰捌拾陆元肆角贰分

6. 人民币伍拾玖万元零陆分

7. 人民币玖仟捌佰柒拾陆万伍仟肆佰叁拾贰元壹角

8. 人民币叁佰零陆元零肆分

9. 人民币玖拾陆万零捌元肆角

10. 人民币玖佰零壹万叁仟元零陆角贰分

(二)用汉字大写金额数字写出下列各数

1. ¥6 124.00

2. ¥4 002 036.17

3. ¥230 145 079.86

4. ¥123 654.80

5. ¥580 045 167.00

6. ¥468 812.30

7. ¥590 006.00

8. ¥680 000.59

9. ¥1 236.07

10. ¥16 060 301.04

(三)描写下列阿拉伯数字

1 2 3 4 5 6 7 8 9 0

(四)每周按照阿拉伯金额数字,书写汉字大写金额数字若干页,直至教师认可时为止

二、应用与思考

1. 在企业签发支票需要填写的内容里,包括出票日期,大、小写金额等重要项目,以下只练习填制这三项,注意书写规范。

(1)转账支票,出票日期2011年8月10日,金额23 456元整。

中国××银行**转账支票**

X Ⅲ 03087286

出票日期(大写)　　　　年　月　日　　付款行名称：
　　　　　　　　　　　　　　　　　　出票人账号：

收款人：

人民币(大写)	千	百	十	万	千	百	十	元	角	分

用途_____　　　　　科目(借)_____
上列款项请从　　　　　对方科目(贷)_____　　须填密码
我账户内支付　　　　　转账日期　年　月　日
出票人签章　　　　　　复核　　　记账

本支票付款期限十天

(2)现金支票,出票金额 48 080 元整。

中国××银行**现金支票**

X Ⅲ 03087485

出票日期(大写)　　　　年　月　日　　付款行名称：
　　　　　　　　　　　　　　　　　　出票人账号：

收款人：

人民币(大写)	千	百	十	万	千	百	十	元	角	分

用途_____
上列款项请从　　　科目(借)_____
我账户内支付　　　对方科目(贷)_____　　须填密码
出票人签章　　　　转账日期　年　月　日
　　　　　　　　　复核　　　记账
　　　　　　　　　贴对号单处

本支票付款期限十天

2. 企业存入银行现金,一般要填制一式两联的现金存款单,假定存入现金 100 元 50 张,50 元 30 张,20 元 6 张,10 元 11 张,5 元 3 张,2 元 1 张,1 元 6 张,请先计算共存入多少钱,然后练习填制现金存款单的金额。

中国××银行现金存款单（现收传票）

科目：　　　　　　　　　　年　月　日

存款单位全称				账　号								
款项来源				开户银行								
人民币（大写）					百	十	万	千	百	十	元	角	分

券　别	张数	金　额								券　别	张数						
		十	万	仟	百	十	元	角	分			千	百	十	元	角	分
一百元券										五角券							
五十元券										二角券							
二十元券										一角券							
十元券										五分币							
五元券										二分币							
二元券										一分币							
一元券																	

三、达标训练

1. 在 5 分钟内完成 30 行数字的书写。

2. 在 1 分钟内完成壹、贰、叁、肆、伍、陆、柒、捌、玖、拾、佰、仟、万、亿、圆（元）、角、分、零、整（正）这几个汉字的书写。

第二章　珠算基本知识

内容提示

本章主要介绍了与珠算有关的基本知识、概念和要领，其中珠算的记数规则、珠算术语、指法都是重点，术语是学习的难点。珠算有着有别于其他计算工具的记数规则，这种规则使其具有直观、生动、简洁的特征；珠算术语是人们在长期应用珠算和研究珠算的过程中形成的，它的存在也正是珠算的魅力所在；打算盘是有指法要求的，这是保证珠算运算速度和准确性的重要要求。本章重、难点内容将会在后面的四则运算学习中得到反复应用，因此，学好本章是学习珠算必须把握的基础和前提。

用算盘进行运算即珠算。珠算是以算盘为工具，以数学理论为基础，运用手指拨珠进行运算的一门计算技术。算盘和珠算是中华民族灿烂文化的象征，是我国传统文化的瑰宝之一。在国际上，有人把它与我国的"四大发明"齐名，称为"第五大发明"。珠算也是从事财经工作人员必备的基本技能，学习珠算，练习珠算，提高珠算水平，对于能否胜任会计、统计、经济分析等工作岗位，尤为重要。

第一节　珠算的产生与发展

珠算发明前，在中国占统治地位的是筹算，一种以算筹（木棍、铁筹等）为计算工具的计算方法。关于算盘的来历，最早可以追溯到公元前600年，据说我国当时就有了"算板"。古人把10个算珠串成一组，一组组排列好，放入框内，然后迅速拨动算珠进行计算。东汉末年，徐岳在《数术记遗》中记载，他的老师刘洪访问隐士天目先生时，天目先生解释了14种计算方法，其中一种就是珠算，采用的计算工具很接近现代的算盘。这种算盘每位有5颗可动的算珠，上面1颗相当于5，下面4颗每颗当作1。这一明确记载说明，我国算盘的发明比欧洲各国都早。该书还第一次出现了"珠算"一词。不过，珠算发明之后，很长一段时间没有得到普及。宋代，珠算开始在商业活动中占有一定位置。《清明上河图》中赵太丞药店柜台上就放着一把算盘，它和我们现在仍在使用的算盘一样。元代，珠算得到进一步的应用，许多杂剧、小说作品都用算盘珠作比喻。16～17世纪，我国出现了大批珠算著作，其中最重要、影响最大的是明代程大位的《算法统宗》。该书系统、完备地介绍了珠算，其中595个应用题的数字计算都是用珠算进行演算的。它的出现，标志着珠算已完全走向成熟。《算法统宗》出版后，压倒了同类著作，在国内外广泛流传。此后，珠算逐渐取代筹算，成为我国的主要计算方法。从15世纪开始，中国的算盘逐渐传入日本、朝鲜、越南、泰国等地，对这些国家数学的发展产生了重要的影响。以后又经欧洲的一些商业旅行家把它传播到了西方。在世界已进入电子计算机时代的今天，算盘仍然是世界上普遍使用的计算工具。即使是在美国、日本等高度现代化的国家里，也有越来越多的人在学习使用算盘。美国、英国、法国等国家都把珠算列入小学课程，美国还专门派人到日本去学珠算，而日本应考珠算技术等级合格证的人每年都有增加。正如日本珠算教育联盟会长荒木勋所说："在中国诞生又传播到亚洲各国而发展起来的珠算，通过日中两国专家的合作，正在向世界范围普及。"

  珠算具有很多优点，它构造简单、价格低廉、计算迅速，所以能盛行不衰。今天，珠算在多位数的乘除等复杂运算中，不如电子计算机等新式计算工具，但演算比较简单的加减法，则是新式计算工具望尘莫及的。在当代中国，各行各业都有一批打算盘的高手。使用算盘和珠算，除了运算方便以外，还有锻炼思维能力的作用，因为打算盘需要脑、眼、手的密切配合，是锻炼大脑的一种好方法。

第二节 算盘的基本结构与记数规则

一、算盘的种类与结构

算盘形态呈长方形,以木、竹、角质或塑料为原料制作。我国目前常用的算盘有上二珠下五珠的七珠圆珠算盘和上一珠下四珠的五珠菱珠小算盘两种(如图2—1和图2—2所示)。

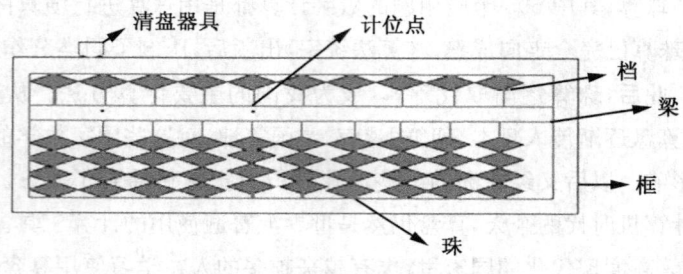

图 2—1　五珠菱珠算盘

图 2—2　七珠圆珠算盘

从图中可看出,算盘基本构造由框架、横梁、直档和算珠(简称框、梁、档、珠)四部分构成。

◆ 框:算盘的四边,分上边、下边、左边、右边。

◆ 梁:算盘中间的横木,它将算盘分为上下两部分,使上下珠示数不同,通常靠梁珠表示数值。

◆ 记位点:梁上每隔三位,档与档之间镶嵌有金属点,叫做记位点。它与阿拉伯数字书写的三位分节号相对应,便于认定数位。

◆ 档:穿算珠的直杆,每一档代表一个数位,称为档位。

◆ 珠:即算珠,用以表示数。上珠每颗代表5,下珠每颗代表1。

◆ 清盘器:即算盘上边靠左边的铜按钮,只要轻微按动,便使靠梁珠全部离梁靠边。

◆ 坐垫:算盘左边底部两个和右边底部一个,共三个橡胶垫,支撑算盘。

二、珠算基本记数规则

珠算作为计算工具,其记数规则具有特殊性,这里只介绍基本记数规则。

对于1、2、3、4的表示,可用算盘下珠靠梁记数,如"1 234"(如图2—3所示)。

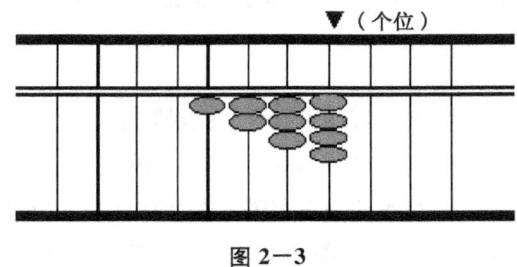

图2—3

对于5、6、7、8、9的表示,只用下珠就不够了,还需要借助上珠靠梁来记数,如"5 678"(如图2—4所示)。

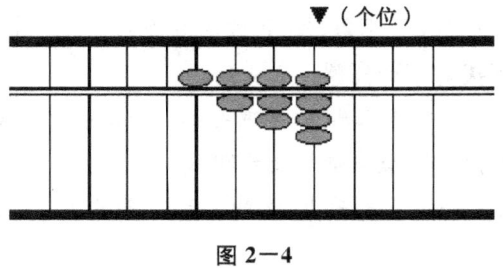

图2—4

0则以空档来表示。

【例2-1】 请在算盘上置数"2 034"。

如图2-5所示。

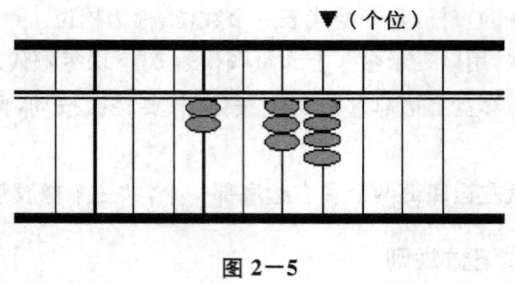

图 2-5

第三节 珠算的基本指法

算盘的使用是用手指拨动算珠进行的。这种用手指拨动算珠的方法,称为指法。指法的好与坏直接影响到计算的速度和准确程度。常用的指法有三指拨珠法和二指拨珠法两种。三指拨珠法适用于七珠圆珠算盘,二指拨珠法适用于五珠菱珠小算盘。操作时,一般用右手拨动算珠,左手握算盘或按住算盘的左端。

一、三指拨珠法

(一)拇指负责拨动下珠靠梁

【例2-2】 拨入1个下珠靠梁来记数1,清盘后拨入4个算珠来记数4。

(二)食指负责拨动下珠离梁

【例2-3】 在上一操作基础上,作减去1,再作减去2的操作。

(三)中指负责拨上珠靠梁或拨上珠离梁

【例2-4】 在上一操作基础上,作加上5,再作减去5的操作。最后盘面还剩1。

二、二指拨珠法

(一)拇指负责拨动下珠靠梁,有时也可拨动下珠离梁

【例2-5】 拨入4个下珠靠梁,再拨1个下珠离梁,重复做两次。

（二）食指负责拨动下珠离梁和拨动上珠靠梁或离梁

【例 2—6】 在上一操作基础上，拨入 5，再减去 5，再减去 2 的操作。最后盘面还剩 1。

三、握笔

打算盘时，笔不离手，握笔时将笔的上端夹在右手的拇指和食指之间，下端夹在右手的中指和无名指之间，中指、无名指和小指向手心自然弯曲。

四、清盘

清盘可按动清盘器来完成。如果算盘没有清盘器，则可手动清盘，做法是：将右手拇指和食指合拢，沿着横梁从右向左迅速移动，把算珠弹回原处离梁靠框。

第四节　珠算的基本概念和术语

一、基本概念

◆ 凑数：若两个数字之和为 5，则称这两个数互为凑数。1 的凑数是 4，2 的凑数是 3，3 的凑数是 2，4 的凑数是 1。

◆ 补数：若两个数字之和为 10，则称这两个数互为补数。1 的补数是 9，2 的补数是 8，3 的补数是 7，4 的补数是 6，5 的补数是 5，6 的补数是 4，7 的补数是 3，8 的补数是 2，9 的补数是 1。

◆ 齐数：一个数与它的补数之和叫该数的"齐数"。如 8 和 2 的齐数是 10。

◆ 实数：古算书中通称被乘数和被除数为实数，简称实。

◆ 法数：古算书中通称乘数和除数为法数，简称法。

二、常用术语

◆ 空档：是指某一档的上、下珠都离梁。空档表示这一档没有记数，或者表示 0。

◆ 空盘：是指算盘的各档都是空档，全盘没有记数。

- ◆ 内珠：是指靠梁记数的算珠。
- ◆ 外珠：是指离梁不记数的算珠。
- ◆ 拨上：是指将下珠拨靠梁。
- ◆ 拨下：是指将上珠拨靠梁。
- ◆ 拨去：是指将上珠或下珠拨离梁。
- ◆ 清盘：是指拨去各档靠梁的算珠，使全盘成为空盘。
- ◆ 本档：是指正要拨珠记数的这一档。
- ◆ 前档：是指本档的前一档，也叫左一档（位）。
- ◆ 后档：是指本档的后一档，也叫右一档（位）。
- ◆ 漂珠：是指拨珠时用力过轻，不靠梁不着框，浮漂在档中间的算珠。
- ◆ 带珠：是指拨珠时，把本档或邻档不应拨入或拨去的算珠带入或带出。
- ◆ 实珠：是指靠梁表示正数的算珠。
- ◆ 虚珠：也叫负珠，是指算珠拨到既不靠梁又不靠框，表示负数的悬珠。
- ◆ 置数：也叫布数，按照计算的要求，把数字拨入算盘，为计算作准备。
- ◆ 档位：也叫档次，是指档的位次。
- ◆ 错档：也叫错位，是指运算过程中未将算珠拨入应拨的档位。
- ◆ 隔档：也叫隔位，是指本数位左右空一档的第二档（位）。如隔位乘法中两数相乘，积的个位打在被乘数的右两位上；隔位除法中隔位档，指的是被除数首位的左两位。
- ◆ 进位：是指本档加上一个数后，大于或等于10，需向前位加1。
- ◆ 退位：是指在本档减去一个数时本档不够，需向前面一位减1。
- ◆ 首位：也叫最高位，是指一个多位数的第一个非零数字为首位。如"3 284"中的"3"，"0.072 6"中的"7"。
- ◆ 末位：也叫最低位，是指一个多位数的最后一个数字。如"3 275"中的"5"，120 中的"0"，"481.29"中的"9"。
- ◆ 次位：是指一个多位数的第二个数字。如"3 865"中的"8"，"0.417 8"中的"1"。
- ◆ 全盘练习：是指在算盘所有档上，或大部分档上作拨珠练习，以及按基本运算法则进行全面练习。

第五节　学习珠算的策略和方法

学好珠算，首先要端正学习态度；其次要注意多思考和强化，珠算的学习是需要毅力的，需要坚持不懈；再次要注意方法，只有方法得当，才能事半功倍，取得优异成绩。

一、要解决为什么学习的问题

为什么要学珠算？是为应付工作而学，为一张文凭而学，还是为珠算事业的进步而学？学的动机不同，效果就不一样。只有热爱且有志于传承中华珠算文化的人，在学习上才有最大的内在动力，才有决心、信心、韧性、毅力。

二、要有计划性

有计划、有目的、有步骤地进行练习，是取得练习成果的首要条件。这样可以杜绝想练什么就练什么的现象，防止练习内容单一、遗漏等情况，能做到练习内容有的放矢、有侧重点。因此，在练习之前，必须有一个努力进取的奋斗目标，根据目标，制定一个切合实际又科学的练习计划。从时间分配上来说，有长期、中期和近期的不同设计和考虑；从内容安排上来说，有基础练习、技巧练习、专项练习、多项练习；从奋斗目标上来说，有一个总目标及若干个分目标。在拟订练习计划时，必须注意指标别太高，要长计划、短安排，要行之有效，基础练习与技巧练习时间要合理分配；练习时间与休息时间的安排要讲求科学性，要提高实效；练习内容由浅入深、由易到难、循序渐进，反复性和多样性配合要适当。

三、运用适时评估策略

应以目标为标准，对目标实施成绩进行评估。在目标系统中，某一层次的目标实施合格，即可升入高一层次，层层上升，直至总目标实现。如珠算普通四级合格，可向普通三级、二级、一级努力，直至能手一级合格。

四、运用优化时间策略

"时间就是金钱,生命就是效率。"珠算技术水平的提高在于日积月累、持续不断地练习。要见缝插针,善于挤时间,学会充分利用时间的艺术。要实现用时最优化,就要向"黄金时间"争高效。一天中的黄金时间因人而异,各人可视自己的心理、生理等具体情况酌情选定。黄金时间抓住了、利用了,效率就提高了。要实现用时最优化,还要向时间的低能区域要时间。所谓时间低能区域,是指零星时间、易耗时间。在时间低能区也能挖掘一定的时间,积蓄一定的用时能量。

五、勤练拨珠手法

要既快又准地拨打好算盘,必须首先练好拨珠手法,这是练习珠算基本功的前提。要使拨珠手法既快又准,关键在于勤练,俗语说"熟能生巧"。练习拨珠手法有两种方法:一是用口诀拨珠,先将口诀背熟,然后与拨珠融为一体;二是用心算拨珠,要熟练掌握几个数的组合和数的倍数关系,提高目测心算的能力,以加快拨珠速度。不论采用哪一种方法,都能达到拨珠熟练、既快又准的目的。

六、练好基本算法

在熟练拨珠手法以后,接着就要练习算法。练习算法要先易后难、循序渐进,要先练基本算法,再练简易算法。基本算法中,加减法是计算基础。在加减法熟练的基础上,再练乘除法。然后,再练习简易算法。这样才能达到操作熟练、算法简捷的目的。

七、动手与动脑结合

操作算盘既要拨珠,又要看数、写数,手脑并用,有机配合。操作时,先要看准数字,将其反映到脑海里,然后用脑支配手指拨动算珠,这样才记得准、拨得快。边记边拨,才能不断提高手指拨珠的正确性和速度。

八、珠算与心算结合

提高珠算速度的关键往往在于心算与珠算的结合程度,引入心算的好处在于减少拨珠次数、节省运算时间。练习心算,要先简后繁,先加减后乘除,先少位后多位,逐步发展,然后与珠算结合,这样可以较快地掌握珠算技术、锻炼计算能力、提高计算技术水平。

九、选用合适的计算方法

学珠算不见得要掌握所有算法,但一定要选准适合自己的方法。珠算运算的方法很多,究竟选用哪一种来练习为好,可以因人而异。因为各种方法都是前人创造出来的经验,学习和运用这些经验,往往与个人的心理、习惯等因素有关。例如乘法,有人认为空盘前乘法好,有人认为破头后乘法好;而除法,有人认为归除好,有人又觉得商除好。事实上,算盘打得好的,其方法亦不尽相同。所以,要根据自己的特点或喜爱选定一种方法重点练习,技术才提高得快。在有了较好的基础之后,也可以兼学其他方法,达到精通的地步。至于初学者,切忌今天学这种、明天学那种,结果一样都学不精。

业务题

一、基本技能训练

(一)看数拨数练习

在算盘上分别拨入以下各数,拨入之后再自高位起依次拨算珠离梁,以此对拨入的算珠核对正误。注意定好个位,拨入数字前清盘,保持指法的正确性。

(1)4　(2)45　(3)360　(4)701　(5)2 389　(6)9 270　(7)326.85

(8)4 892.08　(9)100.08　(10)2 826.40

(二)听数拨数练习

由教师随机读数,学生拨数,反复多次练习。教师读数速度可以逐渐加快。

(三)对照算盘说出算盘的结构

(四)举例说明补数、凑数、齐数

(五)说出你认为最为常用的术语,并进行解释说明

(六)趣味练习:"看数打数+写数读数"小游戏

学生2人一组,老师在纸条上写6位以上的数字,由小组第一个成员完成"看数打数";接着第二个成员根据第一个成员的打数结果完成"写数读数",由教师评判整个过程的效率和效果。

二、应用与思考

一个朋友委托你通过拨打 114 查得 3 个有用的电话号码(8 位数),86143135,82285613,86290645,你如何及时把被告知的电话号码记下来(假设你手里没有笔和纸,只有算盘一个,请尝试利用算盘快速记数)。

三、达标训练

在两分钟内,完成下列 9 组数字的拨入、拨回(注意要逐位拨算珠离梁,而不要使用清盘器)。

数　　字	准确性	用时记录
128 659;459 668;729 423;4 500 620;8 059 340		
255.66;408.78;3 280.50;4 075.21;5 006.09		
878 764;211 102 551;151 111 501.9		
898 545;321.02;2 522.51;40 030 80.28		
145 678;56 789;187 654;980 875		
112 765;209 876;2 637;718 844		
657 500 078;669 076 543		
145 678 506 789;187 654 098 875		
112 765 029;876 098 875		

第三章　珠算加法

内容提示

本章重点介绍了珠算加法及账表算与传票算。

珠算加法中详细学习了无口诀加法的直接加、凑五加、进十加和破五进十加四种方法,掌握其计算原理和拨珠规律极其重要,同时,珠算加法在实际应用中也是最多和最广的,另外也为顺利学习账表算、传票算和珠算乘法打下坚实的基础。

账表算与传票算是在日常经济工作中应用较多的主要业务,是珠算技术的重要组成部分。本章重点介绍账表算的题型和方法、传票算的运算步骤和方法。

珠算加法是珠算基础。在实际工作中,加法的运算占珠算运算的很大比重,而且用珠算做加法比笔算,甚至电子计算器更为迅速、准确,能充分显示出珠算的优点。珠算加法还是珠算乘法的基础,加法运算的熟练程度直接决定珠算乘法及其他运算技能的高低。珠算加法易学难精,学习时需有顽强的毅力,坚持天天练,形成条件反射,达到熟能生巧。

第一节　珠算加法概述

一、概念

珠算加法是将两个数或两个以上的数合并在一起,计算出它们的和数的一种方法。珠算加法的每一个算式都包括一个被加数和一个或几个加数。其算式如下：

$$被加数＋加数＝和数$$

二、运算规则

珠算加法运算必须按以下规则进行：

(一)数位对齐

将被加数与加数相同的数位对齐，个位数对个位数，十位数对十位数，百位数对百位数……包括小数点在内。

(二)同位相加

被加数和加数按同位对齐后，按同位数与同位数相加，得出它们的和数。

(三)满十进一

珠算加法是"五升十进制"，算盘中的上珠以一作五，满十就要进前位一(以一作十)。

(四)从左到右，顺序运算

珠算与笔算不同，一般从左算起，从高位到低位数顺序相加。

(五)被加数与加数可交换位置

加法运算时，为了简便计算，被加数与加数之间，或者是加数与加数之间，可以相互交换位置，其和数不变。

第二节　珠算加法的基本算法

珠算加法的基本算法主要有口诀加法和无口诀加法。

口诀加法是一种传统的珠算加法。它是运用一套完整的珠算加法口诀进行运算的方法。珠算加法口诀共26句，分为直接加、凑五加、进十加和破五进位加四种。无口诀加法与口诀加法在数学原理上是完全一致的，学习者应在理解其运算过程的基础上，逐步达到熟知熟记口诀，从而提高运算速度的目的。

一、直接加

直接加是指在被加数上直接将加数加上。运算时,可将上珠或下珠拨入本位,或者将上珠和下珠同时拨入本位。

【例 3—1】 31+63=94

第一步,先定好位数,拨上被加数"31",如图 3—1 所示。

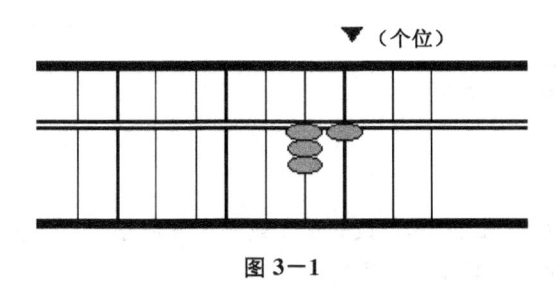

图 3—1

第二步,从十位拨入 6,从个位拨入 3,结果为 94,如图 3—2 所示。

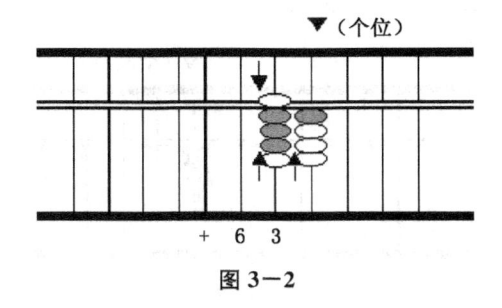

图 3—2

进一步看以下几个例子,2+1,3+1,12+11,123+551,3 256+1 221,可以发现它们都能直接加,属于直接加的加法,运算直接加要注意"数位对齐,同位相加",这就是无口诀加法的要领。相应地,运算直接加可以使用的加法口诀有 9 句,如表 3—1 所示。

表 3—1　　　　　　　　　　直接加口诀表

直接加口诀	典 型 举 例
一上一	0+1,1+1,2+1,3+1,　　　5+1,6+1,7+1,8+1
二上二	0+2,1+2,2+2,　　　　　5+2,6+2,7+2
三上三	0+3,1+3,　　　　　　　5+3,6+3

续表

直接加口诀	典型举例
四上四	0+4, 5+4
五上五	0+5,1+5,2+5,3+5,4+5
六上六	0+6,1+6,2+6,3+6
七上七	0+7,1+7,2+7
八上八	0+8,1+8
九上九	0+9

注:"上"是指拨算珠靠梁。

二、凑五加

凑五加是指两数相加,其和数等于5或大于5而小于10,本位的下珠不够用时用上珠,并将多加的数从下珠中拨去。

【例3—2】 3+4=7

第一步,先定好位数,在算盘拨入3,如图3—3所示。

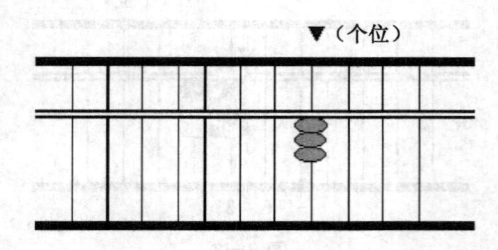

图3—3

第二步,个位无法一次拨入4,采取"先拨下上珠,再拨去1个下珠"的做法,实现"+5-1"的效果,也相当于加上4,如图3—4所示。

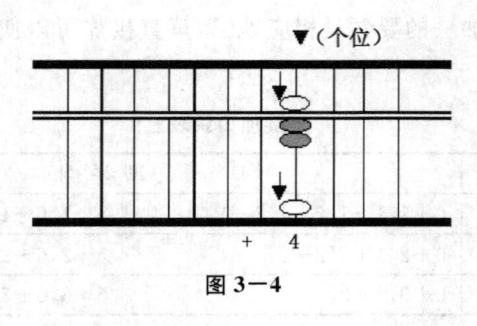

图3—4

进一步看以下几个例子，2+4,33+32,234+441,4 321+3 334，可以发现它们都不能直接加，属于凑五加的加法，运算凑五加需要"直加不够，下5减凑"，这是无口诀加法的要领。相应地，运算凑五加可使用的口诀有4句，如表3-2所示。

表3-2　　　　　　　　　凑五加口诀

凑五加	典型举例	依据数学原理
一下五去四	4+1	+1=+5-4
二下五去三	3+2,4+2	+2=+5-3
三下五去二	2+3,3+3,4+3	+3=+5-2
四下五去一	1+4,2+4,3+4,4+4	+4=+5-1

注："下"是指拨上珠靠梁，"去"是指将靠梁的算珠拨去靠边。

三、进十加

进十加是指在同一档两数相加的和大于或等于10，必须向左进位并在本档直接减去多加的数（补数）方可完成的运算。

【例3-3】　4+9=13

第一步，先定好位数，拨上被加数"4"，如图3-5所示。

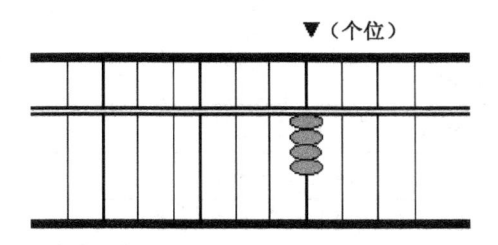

▼（个位）

图3-5

第二步，由于个位剩下的算珠不够9，无法一次拨入9，因此采取"先向十位进1（以一代十），再从个位去1"的做法，即实现"+10-1=9"的效果，计算结果为13，如图3-6所示。

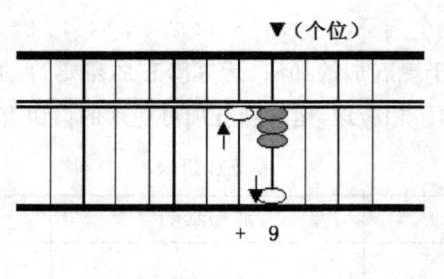

图 3—6

进一步看以下几个例子,9+4,39+73,337+879,4 752+6 359,可以发现它们也不能直接加,属于进十加的加法,需要"本档满10,减补进1"。相应地,可使用的进十加口诀有9句,如表3—3所示。

表 3—3　　　　　　　　　　进十加口诀

进十加口诀	典 型 举 例	依据数学原理
一去九进一	9+1	+1=+10−9
二去八进一	9+2,8+2	+2=+10−8
三去七进一	9+3,8+3,7+3	+3=+10−7
四去六进一	9+4,8+4,7+4,6+4	+4=+10−6
五去五进一	9+5,8+5,7+5,6+5,5+5	+5=+10−5
六去四进一	9+6,4+6	+6=+10−4
七去三进一	9+7,8+7,4+7,3+7	+7=+10−3
八去二进一	9+8,8+8,7+8,4+8,3+8,2+8	+8=+10−2
九去一进一	9+9,8+9,7+9,6+9,4+9,3+9,2+9,1+9	+9=+10−1

注:"去"是指将靠珠的算珠拨去靠梁,"进"是指在前位(左一档)上加数。

四、破五进十加

破五进十加是指两数相加,本位的被加数和加数都是5或大于5,其和数一定等于10或大于10,必须将被加数和加数中的5合并为10,进到前位去,同时将加数中超过5的数拨入本位。

【例3—4】　8+6=14

第一步,先定好数位,拨上被加数"8",如图3—7所示。

图 3-7

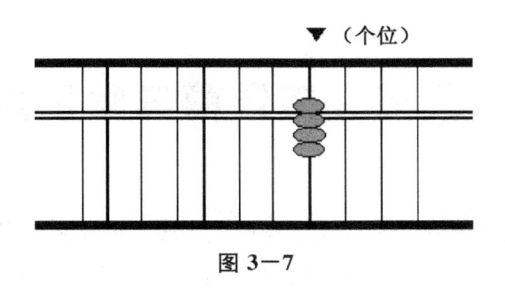

第二步,由于个位剩下的算珠不够6,拟采取"先向十位进1(以一代十),再从个位去4",即"进1去4"的做法,但个位下珠不足4个,因此无法直接去4,接下来只能"上1去5",如图3-8所示。

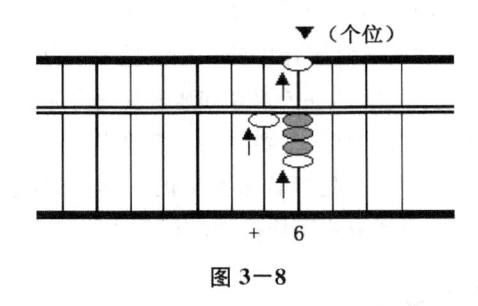

图 3-8

进一步看以下几个例子,9+9,65+68,556+978,7 585+6 767,可以发现它们也不能直接加,属于破五进位加的加法,需要"本档满10,进1减补数"。且在减补数时候,需要采取"去5加凑"的方法,这是无口诀加法的要领。相应地,可使用的破五进位加口诀有4句,如表3-4所示。

表 3-4　　　　　　　　破五进位加口诀

破五进位加口诀	典型举例	依据数学原理
六上一去五进一	5+6,6+6,7+6,8+6	+6=+10-5+1
七上二去五进一	5+7,6+7,7+7	+7=+10-5+2
八上三去五进一	5+8,6+8	+8=+10-5+3
九上四去五进一	5+9	+9=+10-5+4

注:"上"是指拨算珠靠梁,"去"是指将靠梁的算珠拨去靠边,"进"是指在前位(左一档)上加数。

第三节　传票算与账表算

传票算与账表算是在日常经济工作中应用较多的主要业务,是珠算技术的重要组成部分。在经济业务中,企业部门的会计核算、统计报表、财务分析、计划检查等业务活动,其报表资料的数字来源都是通过会计凭证的计算、汇总而获得的。这些会计凭证的汇总即传票运算,其运算速度及结果准确与否,直接影响到各个项目业务活动数据的可靠性和及时性;而报表、汇总表均属于表格计算,通过这些报表汇总运算,取得有效数字,从而为有关部门制定政策提供数字依据。账表算和传票算不仅是财会工作者日常工作中的一项很重要的基本功,也是珠算考核和竞赛的主要项目,为此,学习和训练传票算和账表算是非常必要的。

另外,随着计算机的广泛使用,传票算的小键盘形式,也日益成为各工商企业(收银员)、金融业(业务经办员)处理日常业务的基本方式,小键盘数字录入的快速与准确,也成为评判从业者业务素质高低的标准之一。

一、传票算的基本知识

(一)传票算的概念

传票算也称为凭证汇总算,它是对各种单据、发票和记账凭证进行汇总计算的一种方法,也是加减运算中的一种常用方式。

(二)传票的分类

传票按是否装订,可分为订本式传票和活页式传票两种,本书介绍订本式传票。

(三)传票算的样式

日常练习中,传票本是练习传票算的依据。订本式传票本,其规格为长18厘米,宽8厘米。一般每本为100页,每页的右上角印有阿拉伯数字表示页码,每页传票上有5笔(行)数字,每行数字前自上而下依次印有(一)、(二)、(三)、(四)、(五)的标志,"(一)"表示第一行数,"(二)"表示第二行数,以下同理。每行最高位数有8位数字,最低位数有4位数字(见表3—5)。

表 3—5　　　　　　　　　传票算样式示例

		44
	(一)	1 064.89
	(二)	481 206.73
	(三)	367.42
	(四)	70 926.54
	(五)	68.25

我国珠算比赛和考核传票算采用限时不限量的办法,即每场 15 分钟。传票算题是 20 页为一题,每页只计算一行数字,把这 20 页的同一行数字连加起来,就得出这道题的结果。传票算题型,见表 3—6。

表 3—6　　　　　　　　　传票算题型示例

序　号	起止页数	行　数	答　案
一	31～50	(二)	
二	6～25	(四)	
三	45～64	(五)	
四	57～76	(三)	
五	66～85	(一)	

表 3—6 中的"序号"表示第几道题,"起止页数"表示传票从第几页开始算到第几页为止,"行数"表示该题每页均打第几行数字,"答案"表示该题的计算结果。例如,表中"一"表示第一题,"31～50"表示传票从 31 页开始(包括第 31 页)到 50 页为止,"(二)"表示每页均打第二行数字,计算结果写在第一题答案栏里。

(四)传票算的运算要求

根据传票算的运算特点,计算时除用算盘或小键盘外,另需一张传票算试题答案纸,传票算每 20 页为一题,运算数码 110 个。

(五)传票算的运算步骤

1. 整理传票本

传票运算时左手要翻页(打一页翻一页),为了提高运算速度、加快翻页的动作、避免翻重页或漏页的现象,运算前除了应检查传票本有无缺页、重页、破页、沾页或数字不清晰以外,还需将传票本捻成扇面形状。

捻扇面的方法是:用左手握住传票的左上角,右手握住传票的右部,两手大拇指放在传票封面上,其余四指放在传票背面,以左手为轴,右手轻轻向胸前转动,将传票捻成扇面形状,扇形的大小要以上页的右下方稍突出下面一页即可,不宜过大或过小。捻好后用夹子将传票本左上角夹住,以固定扇面;再用一较小的夹子夹住传票右下角底页,这样便于接近100的页码翻页。由于在比赛或考核时将传票捻成扇面的时间很短,所以平时要多加练习,一般要求右手向胸前转动两三次即成。

2. 传票本的摆放位置

如果使用算盘计算,传票本可摆放在算盘的左下方,答题纸放在算盘的右下方,传票本摆放的位置以看数和计数方便为宜。

3. 传票本的翻页、找页、记页

(1)翻页的方法。传票的翻页是靠左手完成的。首先用左手小指、无名指、中指弯曲放在传票封面(或开始页)的中部或中部稍左,然后用左手拇指突出部位翻页,当拇指翻起每一页传票后,食指很快放进刚翻起的一页传票下面,将这页传票卡住。左手翻页和右手拨珠计算要同时进行,每翻动一页,均迅速将数拨入盘内,票页不宜掀得过高,角度越小越好,以能看清数据为宜。

(2)找页的方法。找页是传票算的基本功之一。由于传票试题在拟题时并不按自然顺序,而是相互交叉,这就需要在运算过程中前后找页(顺找页、倒找页),并且每一题都有起止页数,每算一题都需要找页。因此找页也是一个很重要的环节,要求翻动传票两三次就应找到。为节省时间,当算完一题,右手抄答数的同时,左手就要借助眼睛的余光迅速找页。其练习方法是:首先用手摸100页传票有多厚、90页有多厚……20页有多厚、10页有多厚,经过一段时间反复练习,做到凭手感一次能摸翻20页、30页……90页。在上述找页的基础上,再熟练找传票题的开始页。练习时可以任意念一个页码,凭手感翻到其整数页,然后再调整页数找到其起始页码。如,念77页,凭手感找80页的厚度,再略少翻几页,迅速用左手向前(或后)稍调整一下页码,就翻到77页。一般翻三次传票就要找到默念的页码。

(3)记页的方法。传票算除翻页外还需要记页,传票计算每题由20页组成,为避免在计算中发生超页或打不够页的现象,必须在计算过程中默记打了多少次。最好打一页记一页,记到第20次时核对该题的起止页,如正确无误,立即书写答数。记页在边翻页边运算中较难记住,所以平时要多加强训练。在训练中,运算的数据不要默念,只要凭数字的字形反应直接指挥手指拨珠,心里只需默记页数,如此反复练习,就会习惯记页。

二、传票算的方法

首先将捻成扇面的传票翻到要计算的开始页,然后左手一边翻页,右手一边拨珠,直到计算完毕。

(一)一次翻一页的打法

一次翻一页的打法是一次翻起一页后,把需要计算的数字拨加在算盘上,然后再翻起一页,继续拨加,直到计算完为止。这种翻打方法一般是从高位数字开始,依次拨入,要求大拇指翻传票要快,本页数字拨加完毕以后,要迅速用食指夹住,大拇指继续翻下页。这种打法是最基本的方法。

(二)穿梭叠加打法

穿梭叠加打法是穿梭、叠加有机结合起来的一种打法。穿梭打是指先从高位到低位,翻到次页后再从低位到高位,像摆钟一样来回运转。这样不仅能够省去手指从低位到高位的运动时间,而且翻页准,计算也准,正好是 10 个来回。如第一页是从高位到低位,最后一页则是从低位到高位,否则是错误的。叠加打是指本页最末一位数或两位数字与下页最末一位数或两位数字通过心算直接把和拨入盘内。例如,计算传票第 21~40 页的第一行数,假设数字如表 3-7 所示。

表 3-7　　　　　　　　穿梭叠加打法示例

第 21 页	(一)386.24 →	(4+8=12) 或(24+78=102)
第 22 页	(一)7 693.78 ←	
第 23 页	(一)5 286.45 →	(5+9=14) 或(45+49=94)
第 24 页	(一)23 457.49 ←	
⋮	⋮	
第 40 页	(一)5 963.74	

本题首页上第一行数 386.24 从左向右拨入盘,当拨到个位数 4 时与下页(第 22 页)的第一行数字的最末位数 8 合并相加为 12 一次入盘,然后再从右向左的顺

序将第一行数的剩余部分 7 693.7 拨入盘。照此方法也可以进行两位数叠加计算，即先把首页第一行数的 386 从左向右拨入盘，剩余的两位数 24 与下页相对应的两位数 78 相加为 102 一次入盘，然后从右向左把剩余的数 7 693 拨入盘。依此类推，直至算完本题。这样通过心算减少了拨珠次数，从而加快了运算速度。

(三)一次翻多页的打法

1. 一翻两页打法

一翻两页打法是将中指、无名指和小指放在传票封面中部或中部偏左，当大拇指翻起一页后，食指便迅速抵在掀过页背面，大拇指又迅速翻起一页，使两页有一定间隙（两页掀起的高度与间隙以能同时看到两页的同行数字为宜），心算两页同一行数字之和，将其和拨加在算盘上，当和数的最后一个数字入盘时，拇指迅速将这两页翻过，食指挡住，以同样的方法继续翻下两页进行计算，直至算完为止。

2. 一翻三页打法

将无名指和小指压在传票的上面，先用中指挑起始页、食指挑起第二页、拇指挑起第三页，使三页之间均有一定间隙，再用一目三行心算法求出其和一次入盘。

3. 一翻四页打法

采用无名指挑起始页、中指挑起第二页、食指挑起第三页、拇指挑起第四页的翻页方法，再用一目四行心算法求出其和一次入盘，算过的页由小指压住。

4. 一翻五页打法

采用小指挑起始页、无名指挑起第二页、中指挑起第三页、食指挑起第四页、拇指挑起第五页的翻页方法，再用一目五行心算法求出其和一次入盘，算过的页由左掌外边压住。

5. 一翻多页打法的练习方法

(1)每日用一目三行的方法心算加算题。

(2)熟练心算相邻两页(三页)中第五行数字之和，用一目两(三)页法，依次将第一页至第一百页的第五行数字加到盘上。

(3)能熟练算出第五行数后，再用相同方法练习打第四行数、第三行数、第一行数。

(4)可用一目两(三)页方法打传票上任意一行数后，就能按全国珠算比赛题及比赛规则打传票了。

三、账表算的基本知识

(一)账表算的概念

账表算又称表格算,是日常经济工作中最常见的加减运算形式,也是会计工作日常结账和汇总数字的重要方法。会计报表的合计、累计、分组算等均属于此类运算。在一张账表中,数据要进行纵横加总,要求纵横双方总额扎平。其最突出的一个问题就是"准",通过学练账表算可以培养一丝不苟的工作精神。

(二)账表算的题型及计分方法

目前,全国标准账表算题,每张表横 20 题,纵 5 题,要求纵横扎平,结出总数。一般有 3 张账表,限时 15 分钟,采取定时不定量的方式。账表中各行数字最少 4 位数,最多 8 位数,纵向每题 120 个数码,由 4~8 位数各 4 行组成;横向每题 30 个数码,由 4~8 位数各一行组成;均为整数,不带角分。纵向第四题和第五题中各有两笔负数,并分别排列在横向 4 个题中。

每张账表纵向 5 题,每题 14 分,横向 20 题,每题 4 分,横纵均正确计 150 分,"轧平"再加 50 分,轧平一张账表共计 200 分,学生达到 120 分为达标。要求按顺序算题,前表不打完,后表不计分。账表算题型如表 3-8 所示。

表 3-8　　　　　　　　　　账表算例题

序 号	一	二	三	四	五	合 计
一	8 069	57 828	2 458 626	239 747	69 247 058	
二	27 290 354	7 843 604	26 987	6 502	890 743	
三	73 062	654 982	4 232	76 598 478	9 672 508	
四	7 092 435	86 793 465	301 874	26 259	6 243	
五	547 628	5 273	28 947 062	7 309 684	37 895	
六	68 743	4 892 506	6 758	95 764 023	-968 724	
七	5 962	93 670 872	85 068	-820 417	8 427 950	
八	7 208 537	293 405	94 672 785	8 693	5 447	
九	47 598	67 683	2 849 430	2 476	60 827 589	
十	35 806 474	2 056	223 489	9 867 205	96 314	
十一	92 674 068	9 754 832	459 723	30 846	7 506	
十二	2 457	81 46	5 637 978	-678 269	24 905 781	
十三	8 345 620	407 627	9 023	47 590 768	37 856	
十四	908 874	57 692 064	60 597	8 523	4 869 432	
十五	47 896	6 729	30 547 621	6 539 874	782 085	

续表

序 号	一	二	三	四	五	合 计
十六	6 785	78 964	8 204 579	90 248 235	56 274	
十七	9 374 086	28 574 289	79 206	5 784	−43 756	
十八	809 564	82 057	3 574	3 468 920	23 695 427	
十九	20 715 689	3 647 978	584 286	50 746	2 809	
二十	29 743	8 567	78 026 495	467 032	2 908 842	
合 计						

四、账表算的方法

(一)账表纵向题打法

账表中的纵向题与珠算等级练习题相同,可采用一目(二)三行或一目五行加减简捷算法,把账表放在算盘下面,左手指数,并随着计算把题单向上推,使其计算的行数尽量与盘面的距离接近,以便看数、拨珠、抄写答数能快速进行。

(二)账表算横向题打法

1. 一目一行打法

横向题计算时,把算盘放在该题上方,以便算后抄写答案。可采用传票中的穿梭叠加打法。首先将第一笔数按从左到右顺序拨入盘上,在拨最后一位数时与第二笔数的最后一位数叠加,将和一次入盘,随后将第二笔数剩余部分从右至左拨入盘内,再从左至右将第三笔数拨入盘……直至该题计算完毕,抄写答案。为了使算盘靠近所计算的数据,算盘就要随着每行数字的计算完毕向下移动,或将账表向上移动(算盘有脚,与桌面有空隙)。

2. 一目(二)三行打法

在熟练掌握了一目一行打法的基础上,可一次心算横行相邻两数同数位上对应数字之和,将其和一次拨入盘内。

业务题

一、基本技能训练

(一)直接加

765+233=　　　　352.81+541.06=　　　　521.02+462.96=

6 367+2 522=　　　　2 413+6 556=　　　　6 333+2 656=

125.34+324.65=　　　2 877+7 122=　　　　358.2+520.5=

425.36+573.62=

(二)凑五加

243+332=　　　　　　422+234=　　　　　　124.23+444.44=

223.33+342.34=　　　3 142+2 414=　　　　3 233+4 423=

1 324+4 342=　　　　443.23+214.32=　　　42 342+43 213=

23 424+32 143=

(三)进十加

7 354+8 759=　　　　5 749+5 876=　　　　9 648+7 987=

6 438+9 878=　　　　4 796+7 869=　　　　582.91+548.39=

482.93+638.19=　　　568.47+547.94=

729.89+482.54=　　　869.43+541.68=

(四)破五进十加

6 765+7 678=　　　　5 675+8 769=　　　　6 786+8 667=

6 878+8 676=　　　　6 578+6 766=　　　　178.56+76.96=

357.85+67.69=　　　　668.57+766.96=

265.78+89.76=　　　　375.55+68.69=

(五)趣味练习

1. 定数相加减

所谓定数相加减就是将固定数字1、2、3、4、5、6、7、8、9本身连续相加,得出结果后,再连续从和中一个一个减去,直至减到零。例如,定数"1"相加1+1+…+1=200,然后,再200-1-1-…-1=0,其他定数也如此反复练习。

学习初期要求在1分钟内:

定数"1"连加200次,结果为200;

定数"2"连加190次,结果为380;

定数"3"连加180次,结果为540;

定数"4"连加130次,结果为520;

定数"5"连加220次,结果为1 100;

定数"6"连加150次,结果为900;

定数"7"连加140次,结果为980;

定数"8"连加130次,结果为1 040;

定数"9"连加120次,结果为1 080。

然后在1分15秒内再从定数的和中减去定数本身,直到减完为零。

2. 打百子

所谓"打百子"就是1+2+3+4+…+100,结果为5 050。然后,再从5 050中－1－2－3－…－99－100直到为零。反复练习,训练中可分为六个阶段进行:

阶段	一	二	三	四	五	六
从1加至	24	36	44	66	77	100
和数	300	666	990	2 211	3 003	5 050

学习初期在加减运算必须准确的前提下,从1加到100,要求在1分钟内完成。从100减至0,要求在1分20秒钟内完成。

3. 三盘成

先拨上123 456 789入盘,然后"见几加几",连拨三盘,最后个位档上再加9,得数为987 654 321。

4. 七盘成

拨123 456 789入盘,连加7次123 456 789,最后个位档再加9,得数为987 654 321,倒过来先减去9,再从987 654 321连减123 456 789 7遍,还原回123 456 789。

5. 九盘成

盘上拨123 456 789,再连加9遍,和为1 234 567 890,然后连减123 456 789 9遍,还原回123 456 789。

6. 节日图

将32 260 738 125拨入盘,然后从左到右依次见几加几,连加4次,结果为516 171 810(劳动节、儿童节、建党节、建军节)。

7. 小加减二百盘

连加百次123 456 789,然后连减百次,从结果看,运算生趣,看盘成形,分段验证,真是"百盘和数成诗意,渐见趣题登云梯",反之减回,"百盘差数重返回,又像逐级下楼台"。

8. 大加减二百盘

连加百次987 654 321,然后连减百次,还原盘上初始数,从结果看,依次有趣,盘盘知次,定时验证,乐又生津。

大小百盘和,列表如下:

盘数 \ 加数和	小百盘加算和 123 456 789	大百盘加算和 987 654 321
9	1 111 111 101	8 888 888 889
18	2 222 222 202	17 777 777 778
27	3 333 333 303	26 666 666 667
36	4 444 444 404	35 555 555 556
45	5 555 555 505	44 444 444 445
54	6 666 666 666	53 333 333 334
63	7 777 777 707	62 222 222 223
72	8 888 888 808	71 111 111 112
81	9 999 999 909	80 000 000 001
90	11 111 111 010	88 888 888 890
99	12 222 222 111	97 777 777 779

二、应用与思考

某工厂2011年8月份各部门用电、水量明细如下表所示,请你试着协助会计做好该表的合计工作。

部 门		用水量(吨)	用电量(度)
基本生产车间	甲产品	2 200	9 000
	乙产品	1 800	7 000
	一般耗用	500	1 000
	小 计	4 500	17 000
销售门市部		100	1 000
厂 部		400	2 000
合 计			

三、达标训练

（一）一般达标训练（每题均在4分钟内完成）

1.

一	二	三	四	五
86	5 287	4 097	681	2 304
9 107	69	51	9 730	762
24	143	9 386	24	51
2 530	5 902	28	5 169	9 208
89	64	470	45	369
61	103	56	273	45
9 781	75	302	81	14
32	409	16	807	53
54	8 817	498	2 405	28
37	32	527	69	7 169
15	415	18	35	74
947	28	3 201	86	15
6 283	3 576	79	849	6 382
78	69	3 586	1 037	97

六	七	八	九	十
41	24	8 196	234	21
2 760	3 680	47	67	86
39	517	32	3 510	5 743
7 584	91	670	94	91
63	29	5 812	109	9 702
58	8 645	39	75	39
2 921	37	1 542	8 628	9 568
648	9 240	36	852	18
95	35	79	91	750
703	86	25	9 706	27
31	715	406	32	467
216	127	91	8 986	58
19	31	7 435	57	31
4 085	8 406	82	94	6 294

2.

一	二	三	四	五
369	2 709	147	712	936
287	631	398	809	587
4 105	584	2 506	3 046	421
5 280	4 708	693	987	5 604
713	526	524	432	187
697	391	1 807	5 601	893
219	4 063	392	274	759
604	509	465	318	2 486
5 837	128	789	9 650	301
1 408	7 234	2 436	963	642
759	918	805	504	175
236	456	917	2 187	938
3 105	3 609	3 108	285	2 017
742	125	742	179	3 904
869	847	6 905	6 403	856

六	七	八	九	十
8 203	317	8 926	628	195
961	5 902	354	137	6 807
475	486	107	4 095	243
192	347	395	971	8 032
5 340	568	742	364	961
1 672	2 109	816	8 502	457
506	589	8 605	726	9 760
247	3 706	591	431	2 108
839	142	423	5 809	534
714	267	7 102	134	640
9 605	3 704	859	609	513
832	198	346	7 028	2 679
963	649	9 804	159	854
281	1 830	765	694	369
7 504	527	1 302	5 378	827

3.

一	二	三	四	五
9 148	6 907	627 031	6 731	8 206
205 367	1 583	5 948	902 845	1 549
841	246	731 026	173	738
5 029	709	84 509	2 096	602
763	3 851	713	548	9 451
29 148	79 642	4 862	96 371	62 837
503	5 108	95 031	208	5 104
489	2 094	476	159	4 082
703	683 715	9 508	608	675 913
6 152	71 083	123	4 237	19 703
19 205	465	497	36 902	842
367 841	927	6 108	845 173	561
209	643 081	523	906	483 079
7 635	295	954	5 482	652
6 784	324	7 268	4 517	973

六	七	八	九	十
302	7 869	73 102	75 301	219 468
514	23 605	849	482 697	705
8 769	431	5 406	590 168	9 123
203	502	781 329	3 427	5 864
4 815	478 921	567	305	852
458	603	482 013	2 841	906
2 601	8 745	659	35 796	7 314
260 473	3 219	3 906	104	85 703
8 159	605 478	4 587	826	703 219
76 903	912	213	9 753	468
215 487	5 063	906	401	3 075
906	874	7 854	9 628	912
1 523	63 219	96 312	931	75 864
96 784	504	5 408	8 405	302
379	7 891	721	627	1 946

4.

一	二	三	四	五
407	8 601	973 026	8.17	632.89
5 829	29 574	584	923.05	1 705.46
97 103	310 852	1 026	46.92	4.05
285 649	527 496	37 948	185.03	71.98
107	9 013	362 015	3 296.47	236.45
70 613	386	620 158	5.08	2 890.71
294	2 109	84 973	17.46	4.63
6 358	57 438	501	502.61	50.71
10 479	592 106	2 673	1 749.83	982.36
285 361	347	94 851	6.02	9 170.54
5 823	69 472	497	53.89	3.82
17 964	631 085	8 602	471.62	57.08
832 506	52 749	14 397	4 980.53	642.13
49 017	801	586 201	620.17	9 578.06
465 823	36 947	57 934	5 389.74	931.24

六	七	八	九	十
9 143.56	2 934	58 467	7.09	50.28
679.02	60 175	532 901	45.12	641.73
820.97	16 029	617	704.65	3 570.24
3.41	857	2 903	5 132.98	9 186.35
97.65	843 926	648	6.04	42.07
802.14	701	7 109	860.37	1.89
3 560.97	3 485	23 584	9.45	73.05
1.82	72 041	930 782	12.83	896.41
65.34	568 937	821 546	497.06	2 053.17
7 902.81	402	7 039	6 382.15	4.69
4 356.79	8 651	64 512	78.92	368.91
8.02	42 739	693 078	315.64	5 702.49
53.41	615 809	82 154	3 290.78	186.35
913.05	37 042	703	604.51	2.07
468.72	938 651	96 415	7 892.13	681.94

5.

一	二	三	四	五
3 708	76 021	134 087	635 409	7 049 628
41 265	458 903	9 256	53 062	826 049
437 809	6 721 394	16 095	7 926	69 281
1 265 980	6 085	283 407	71 035	4 015
1 437	72 139	6 195 742	2 653	90 462
26 095	760 854	6 083	948 017	51 037
214 378	2 139 548	19 574	6 271	315 628
6 590 873	13 065	160 832	62 948	7 862
956 214	467 209	95 724	518 492	78 359
67 041	4 156	5 916 083	2 948 356	269 473
2 539	3 789	742 830	586 071	1 536
80 761	315 602	5 916	3 017 845	315 049
825 394	8 497	74 238	481 703	7 904 153
1 903	15 602	513 076	9 037	510 487
524 867	348 927	9 284	92 481	3 728

六	七	八	九	十
67.05	5 240.31	460.27	91.65	627.13
342.18	78.69	1 905.83	208.53	90.68
9 076.85	630.15	59 146.72	82.69	701.83
70 934.21	2 907.48	38.20	4 530.92	14.69
65.18	79 263.51	914.67	27 453.08	3 806.94
390.42	84.10	5 380.72	8 503.47	49 608.35
7 658.21	926.35	83 591.46	50.81	5 286.09
6 709.34	784.01	6 870.14	4 503.17	540.96
58 124.93	7 926.35	309.25	39.56	2 176.49
270.45	84 015.63	87.61	471.69	17.25
36.89	7 480.92	23.45	6 714.32	394.52
754.01	15.36	9 078.16	92 847.76	5 483.17
2 396.18	487.92	35.62	1 708.29	27 138.05
49.06	8 640.79	908.74	690.82	1 830.72
8 351.27	52.13	9 325.41	347.16	72.54

6.

一	二	三	四	五
639 078	7 418	852 091	21 894 065	6 549
2 504 197	930 652	47 603	7 305 948	13 724
6 143	39 064 257	4 175	210 476	6 153 082
85 273	8 132 507	36 089 271	9 321	79 601 823
29 014 685	41 968	2 430 685	30 587 946	4 597 028
148 057	6 024	73 504 692	18 357	30 691
93 268	358 179	8 179	6 720 564	41 579
5 132	81 302 475	9 243 508	1 982	58 203 476
7 390 658	69 478	610 589	85 936	379 426
97 213	16 903	20 714 365	721 049	8 015
40 391 526	9 850 736	19 684	21 085 736	21 874
6 743	25 304 819	7 326	81 372	5 693 802
670 958	4 125 087	478 123	9 584	73 054 961
2 145 068	259 681	9 543 617	3 804 976	320 457
49 607 321	4 372	29 548	521 036	9 146

六	七	八	九	十
2 805.34	39.64	417.05	62 087.35	19.67
71.96	580.21	69.32	941.68	520.48
741 860.92	8 502.97	896 013.82	307 514.29	3 520.76
57 031.48	713 046.25	8 450.73	92.83	81.39
692.53	68 713.94	1 605.42	145.76	4 751.08
1 687.09	2 798.01	38 925.74	41 580.23	62 384.19
35.24	46.35	60 798.23	7 692.03	342 075.69
350 768.29	640 879.13	46.18	710 896.54	27.01
4 182.03	718.52	149.57	59.16	389.46
51 476.98	93.46	573 690	4 813.07	850 194.36
349.02	54 103.82	6 524.93	341.96	72 103.45
21.65	2 107.69	80 712.34	78 025.36	278.96
109 245.36	501 236.74	607.85	159 470.28	406 931.57
876.94	987.15	198 263.57	76.45	2 085.16
72 085.31	24 609.83	50.94	903.18	73 204.98

(二)账表算达标训练(每题均在10分钟内完成)

1.

行次\题序	一	二	三	四	五	合 计
一	8 134 086	6 224	92 631	65 137 108	742 615	
二	72 653	47 620 312	701 426	7 283 614	8 397	
三	918 472	47 805	2 658 013	9 271	90 173 582	
四	3 809 145	83 419 067	4 921	691 086	69 048	
五	41 796	5 781	943 564	73 518 964	4 852 901	
六	94 350 817	9 863 170	6 239	−703 492	17 462	
七	7 204	902 817	49 370 185	32 189	−7 230 659	
八	61 524 978	6 470	138 507	4 650 913	63 147	
九	785 263	8 693 625	78 043 612	65 190	4 028	
十	9 405	6 037 192	65 320	46 301 252	741 860	
十一	45 916 084	378 601	7 859 042	6 728	87 905	
十二	45 920	51 920 938	7 415	−1 074 219	520 387	
十三	7 205	39 427	9 200 968	982 547	73 854 219	
十四	30 362	9 512 084	65 071 891	6 085	−908 156	
十五	586 370	5 265	82 439	8 747 506	87 543 602	
十六	8 701 523	56 423	193 085	53 920 417	7 568	
十七	3 268	371 549	52 819 647	32 840	2 463 895	
十八	23 498 045	85 138	7 916 504	819 562	4 138	
十九	2 103 876	759 304	35 748	3 284	34 052 901	
二十	619 237	36 487 958	8 357	76 035	3 839 621	
合 计						

第三章 珠算加法

财经基本技能与训练

48

2.

序 号	一	二	三	四	五	合 计
一	769 442	7 496	93 865 064	5 308 426	35 207	
二	65 480 876	2 593 606	49 863	1 708	289 693	
三	3 048	57 842	9 672 640	−438 765	68 465 072	
四	5 084 937	50 288 467	397 256	96 478	1 468	
五	58 044	476 824	6 934	54 783 692	8 954 702	
六	37 204 659	4 076	498 628	8 295 407	81 396	
七	657 820	45 923	4 268 930	4 696	10 845 728	
八	42 693	6 384 704	9 572	87 596 043	−862 549	
九	7 844	83 650 294	27 043	349 695	2 695 870	
十	9 402 735	488 607	86 194 527	24 830	7 965	
十一	65 286	6 948	30 765 649	9 738 256	584 027	
十二	802 355	75 984 046	90 785	2 748	6 218 934	
十三	84 956 042	8 576 289	678 349	30 264	5 706	
十四	4 657	89 660	7 439 852	−652 408	46 807 539	
十五	2 367 146	605 849	8 043	69 780 512	39 275	
十六	48 963	2 765	52 094 687	615 034	9 802 864	
十七	46 597 428	3 465 892	726 436	76 569	4 208	
十八	6 587	928 660	2 409 758	80 962 437	76 456	
十九	8 396 024	92 756 488	58 404	7 529	−689 710	
二十	208 796	24 975	8 756	3 942 840	93 187 645	
合 计						

第三章 珠算加法

财经基本技能与训练

(三)传票算达标训练(每题均在 10 分钟内完成)

1. 传票录入测试题一

题序	起止页数	行次	答　数	序起	起止页数	行次	答　数
一	31~50	(一)		十六	56~75	(三)	
二	14~33	(四)		十七	27~46	(五)	
三	28~47	(二)		十八	78~97	(二)	
四	68~87	(五)		十九	1~20	(四)	
五	52~71	(三)		廿	69~88	(一)	
六	42~61	(一)		廿一	55~74	(三)	
七	63~82	(四)		廿二	38~57	(五)	
八	16~35	(二)		廿三	29~48	(二)	
九	46~65	(五)		廿四	76~95	(四)	
十	70~89	(三)		廿五	3~22	(一)	
十一	39~58	(一)		廿六	30~49	(三)	
十二	44~63	(四)		廿七	27~46	(五)	
十三	71~90	(二)		廿八	4~23	(二)	
十四	67~86	(五)		廿九	31~50	(四)	
十五	45~64	(三)		三十	43~62	(一)	

2. 传票录入测试题二

题序	起止页数	行次	答　数	序起	起止页数	行次	答　数
一	26～45	(三)		十六	29～48	(五)	
二	74～93	(一)		十七	7～26	(二)	
三	80～99	(四)		十八	61～80	(一)	
四	48～67	(二)		十九	15～34	(四)	
五	75～94	(五)		廿	8～27	(三)	
六	57～76	(三)		廿一	58～77	(五)	
七	49～68	(一)		廿二	62～81	(二)	
八	76～93	(四)		廿三	9～28	(四)	
九	38～57	(二)		廿四	49～68	(一)	
十	50～69	(五)		廿五	63～82	(三)	
十一	46～65	(三)		廿六	10～29	(五)	
十二	24～43	(一)		廿七	64～83	(四)	
十三	51～70	(四)		廿八	53～72	(二)	
十四	28～47	(二)		廿九	11～30	(一)	
十五	25～44	(五)		三十	37～56	(三)	

3. 传票录入测试题三

题序	起止页数	行次	答　数	序起	起止页数	行次	答　数
一	52～71	（三）		十六	32～51	（五）	
二	62～81	（四）		十七	45～64	（一）	
三	37～56	（五）		十八	33～52	（三）	
四	6～25	（四）		十九	34～53	（二）	
五	8～27	（三）		廿	46～61	（二）	
六	9～28	（三）		廿一	1～20	（五）	
七	12～31	（五）		廿二	25～44	（三）	
八	11～30	（一）		廿三	31～50	（一）	
九	16～35	（三）		廿四	36～55	（四）	
十	19～38	（四）		廿五	2～21	（五）	
十一	65～84	（五）		廿六	8～27	（三）	
十二	76～95	（二）		廿七	5～24	（五）	
十三	77～96	（三）		廿八	3～22	（四）	
十四	78～97	（四）		廿九	29～48	（一）	
十五	8～27	（一）		三十	27～46	（三）	

第三章　珠算加法

财经基本技能与训练

第四章 珠算减法

内容提示

本章主要内容是珠算减法及简捷加减法,珠算减法要区分直接减、破五减、退十减、退十补五减四种情况,减法口诀的熟记和熟用往往是提高速度和准确性的有力保障,其中退十补五减是难点。珠算简捷加减法在实务中有许多,这里只选取几种最为常用的方法进行简单介绍,更多和较复杂的应用还需要在对珠算基本功较熟练的基础上再深入学习和领悟。

在日常工作中,珠算加减法的运用非常广泛,而且它还是乘除法计算的基础。加法运算和减法运算关系十分密切,加中有减,减中有加。第三章已对加法的运算作了介绍,本章着重介绍减法的运算和加减法的混合运算。

第一节 珠算减法概述

一、概念

珠算减法是一个数减去另一个或几个数,计算剩余差数的一种方法,它是加法的逆运算。珠算减法的每一个算式都包括一个被减数和一个或几个减数,从一个被减数中连续减去几个减数称为连减。其算式如下:

被减数－减数＝差数

二、运算规则

(一)数位对齐

将被减数与减数相同的数位对齐,个位数对个位数,十位数对十位数,百位数对百位数……包括小数点在内。

(二)同位相减

被减数与减数按同位对齐后,将同位数与同位数相减得出它们的差数。

(三)退一作十

珠算减法是"五升十退位",两数相减需要改动上珠为"五升";两数相减,本位不够时,需要以前位数中退一至本位,以一作十为"十退位"。

(四)从左到右,顺序运算

珠算减法与加法一样,一般也是从左到右,从左算起,从高位到低位,顺序相减。

(五)被减数与减数一般不能交换位置

珠算减法运算不同于加法运算,被减数与减数的位置不容交换,避免造成差错。只有在被减数小于减数时,才能交换位置,求其负差。

第二节　珠算减法的基本算法

珠算减法的基本算法主要有口诀减法和无口诀减法。

口诀减法是一种传统的珠算减法。它是运用一套完整的珠算减法口诀进行运算的方法。珠算减法口诀共 26 句,分为直接减、破五减、退十减和退十补五减四种。无口诀减法与口诀减法在数学原理上是完全一致的,学习者应在理解其运算过程的基础上,逐步达到熟知熟记口诀,从而提高运算速度的目的。

一、直接减

直接减是指在被减数上直接减去减数,不需向前位退一的方法。运算时,只将上珠或下珠在本位上拨去,或者将上、下珠同时在本位上拨去减数即可。直接减是减法中最简单的一种情况。

【例 4—1】 88－21＝67

第一步,在算盘上布数 88,如图 4—1 所示。

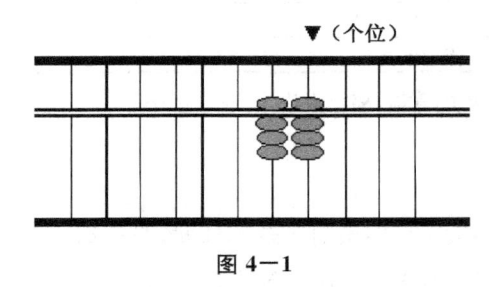

图 4—1

第二步,从十位拨去 2 珠,从个位拨去 1 珠,还剩 67,如图 4—2 所示。

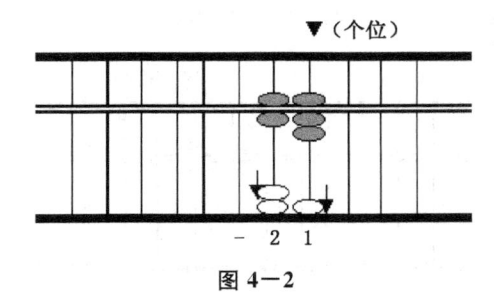

图 4—2

进一步看以下几个例子,9－4,7－2,26－15,824－613,4 258－2 251,可以发现它们都能直接减,属于直接减的减法,运算直接减要注意"减看内珠,够减直减",这就是无口诀减法的要领。相应地,运算直接减可以使用的减法口诀有 9 句,如表 4—1 所示。

表 4—1　　　　　　　　直接减口诀

直接减口诀	典 型 举 例
一去一	9－1,8－1,7－1,6－1,4－1,3－1,2－1,1－1
二去二	9－2,8－2,7－2,4－2,3－2,2－2
三去三	9－3,8－3,4－3,3－3
四去四	9－4,4－4
五去五	9－5,8－5,7－5,6－5,5－5
六去六	9－6,8－6,7－6,6－6
七去七	9－7,8－7,7－7

续表

直接减口诀	典 型 举 例
八去八	9−8,8−8
九去九	9−9

注:"去"指拨去靠梁的算珠,离梁靠边。

二、破五减

破五减是指被减数减去减数时下珠不够减,必须动用上珠的方法。运算时,在拨去上珠的同时将多拨去的数用下珠补上。

【例 4—2】 66−24=42

第一步,在算盘上布数 66,如图 4—3 所示。

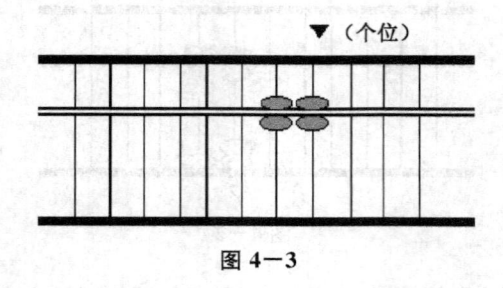

图 4—3

第二步,十位无法拨去 2 珠,采取"先去上珠,再拨入 3 珠"的做法,实现"−5+3"的效果,也相当于减去 2;同理,个位无法直接拨去 4 珠,采取"先去上珠,再拨入 1 珠"的做法,实现"−5+1"的效果,也相当于减去 4。如图 4—4 所示。

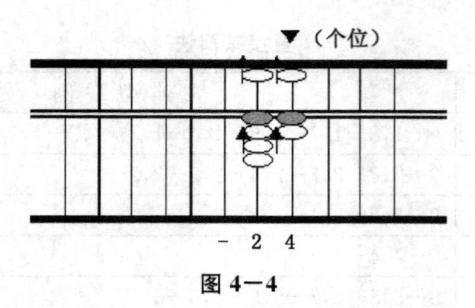

− 2 4
图 4—4

进一步看以下几个例子,5−4,76−33,567−234,7 865−3 421,可以发现它们都不能直接减,属于破五减的减法,运算破五减需要"直减不够,去 5 加凑",这是无口诀减法的要领。相应地,运算破五减可使用的口诀有 4 句,如表 4—2 所示。

表 4—2　　　　　　　　　　破五减口诀

破五减	典 型 举 例	依据数学原理
一上四去五	5—1	—1＝—5＋4
二上三去五	5—2,6—2	—2＝—5＋3
三上二去五	5—3,6—3,7—3	—3＝—5＋2
四上一去五	5—4,6—4,7—4,8—4	—4＝—5＋1

注:"上"是指拨算珠靠梁;"去"是指拨去靠梁的算珠,离梁靠边。

三、退十减

退十减是指被减数本位不够减去减数,需要向前位(左一档)退一(一作十)的方法。运算时,向前位退一作十减去减数后,将其差数补在本位上。

【例 4—3】　12—8＝4

第一步,在算盘上布数 12,如图 4—5 所示。

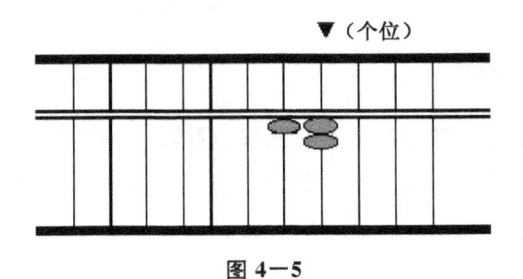

▼(个位)

图 4—5

第二步,由于个位不够去 8,因此采取"先从十位去 1,再从个位还 2"的做法,即实现"—10＋2＝—8"的效果,计算结果为 4。如图 4—6 所示。

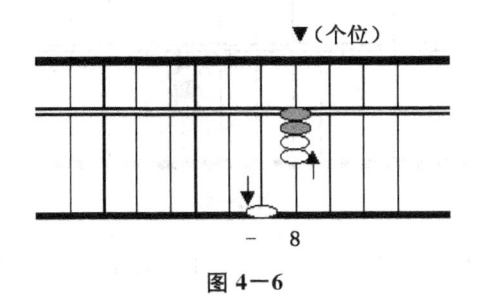

▼(个位)

— 8

图 4—6

进一步看以下几个例子,11－2,226－37,2 637－798,18 765－9 887,可以发现它们也不能直接减,属于退十减的减法,需要"本档不够,减 10 加补数",这是无口诀减法的要领。相应地,可使用的减法口诀有 9 句,如表 4－3 所示。

表 4－3　　　　　　　　　　退十减口诀

退十减口诀	典 型 举 例	依据数学原理
一退一还九	10－1	－1＝－10＋9
二退一还八	10－2,11－2	－2＝－10＋8
三退一还七	10－3,11－3,12－3	－3＝－10＋7
四退一还六	10－4,11－4,12－4,13－4	－4＝－10＋6
五退一还五	10－5,11－5,12－5,13－5,14－5	－5＝－10＋5
六退一还四	10－6,15－6	－6＝－10＋4
七退一还三	10－7,11－7,15－7,16－7	－7＝－10＋3
八退一还二	10－8,11－8,12－8,15－8,16－8,17－8	－8＝－10＋2
九退一还一	10－9,11－9,12－9,13－9,15－9,16－9,17－9,18－9	－9＝－10＋1

注:"退"是指在前位(左一档)上减数,"还"是指在退去前位数后应在本位上加数。

四、退十补五减

退十补五减是指被减数本位不够减去减数时,向前位退一作十相减后,其差数与本位数之和是 5 或大于 5 时,要拨一上珠,同时要把多加的数从下珠中拨去的方法。

【例 4－4】　14－6＝8

第一步,在算盘上布数 14,如图 4－7 所示。

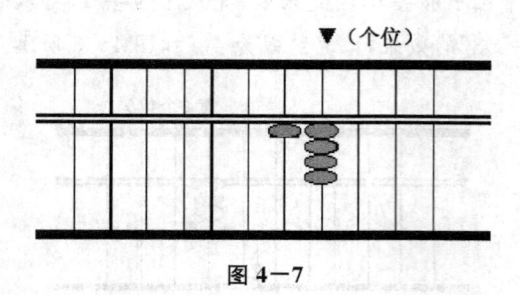

图 4－7

第二步,由于个位不够减,拟采取"先从十位去 1,再从个位补 4"即"退 1 还 4"

的做法,但个位原来已经有 4 个珠,因此无法直接加 4,接下来只能"下 5 去 1",如图 4—8 所示。

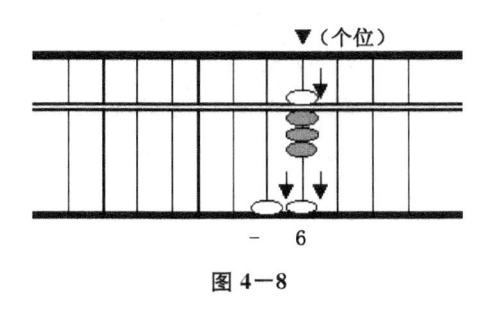

图 4—8

进一步看以下几个例子,12－7,112－67,1 443－676,23 434－6 977,可以发现它们也不能直接减,与"退十减"不同,属于退十补五减的减法,需要"本档不够,减 10 加补数",且在加补数时候,需要采取"下 5 减凑"的方法,这是无口诀减法的要领。相应地,可使用的减法口诀有 4 句,如表 4—4 所示。

表 4—4　　　　　　　　　　退十补五减口诀

退十补五减口诀	典型举例	依据数学原理
六退一还五去一	11－6,12－6,13－6,14－6	－6＝－10＋5－1
七退一还五去二	12－7,13－7,14－7,	－7＝－10＋5－2
八退一还五去三	13－8,14－8	－8＝－10＋5－3
九退一还五去四	14－9	－9＝－10＋5－4

注:"退"是指在前位(左一档)上减数;"还"是指在退去前位数后应在本位上加数;"去"是指拨去靠梁的算珠,离梁靠边。

第三节　简捷加减法

无论是珠算加法、减法还是加减混合运算,都存在简捷的算法。

一、来回加法

珠算加法运算一般是从左到右,为了缩短拨珠时间,对一些多笔数加法可以采用穿梭运算的来回加法,即从左到右、从右到左、再从左到右、从右到左地来回拨珠运算,这样可以减少拨珠的往返运动,缩短运算时间。

【例4—5】 70 368+12 345+23 456+34 567=140 736

运算时,先定好位,在算盘上从左到右(从万位数到个位数)拨上被加数70 368,接着从右到左(从个位数到万位数)加上第一笔加数12 345,再从左到右加上第二笔加数23 456,从右到左加上最后一笔加数34 567。这样便很快得出和数为140 736。

二、借减法

借减法也称倒减法,是小数减大数的一种算法,在连减法和加减混合运算中,当遇到被减数小于减数的情况,为了不改变运算顺序,可以采取在前一位虚借"1"的方法加大被减数,然后减去减数,以后各笔数值仍采用正常方法计算,即该加就加、该减就减,最后根据盘上是否还存在虚借求出结果。这种方法就是借减法,也称为倒减法。在倒减法的运算中有两种情况:

(一)有借无还

❖法则:有借无还得数虚,抄下外珠为负值(注意:个位档要抄补数)。

【例4—6】 134+267-859=-458

本例中,前2个数之和为401,再减去859不够减,应先从千位借入"1",使被减数加大为1 401,再运算1 401-859,得计算结果为542,抄下百、十位外珠及个位补数,并取负值,得计算结果为-458。

其运算结果可分解如图4—9、图4—10、图4—11、图4—12所示。

第一步,在算盘上布数134。

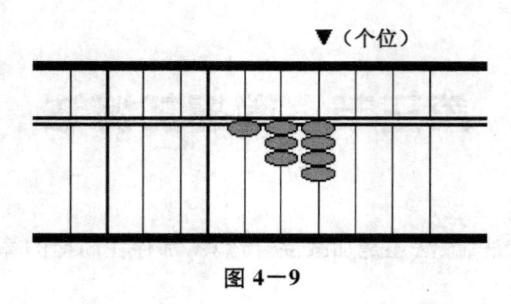

图4—9

第二步,加267后结果为:

图 4—10

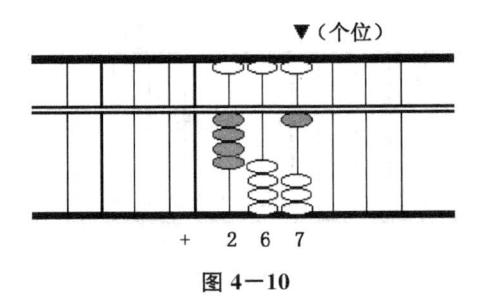

第三步,从千位虚借"1",即虚借 1 000 后的结果:

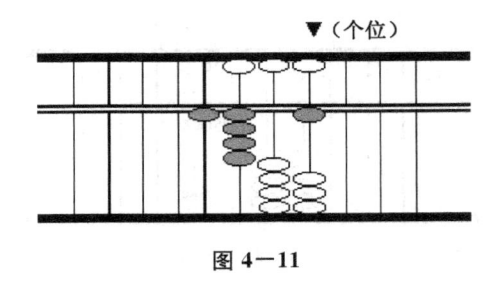

图 4—11

第四步,借减后结果:

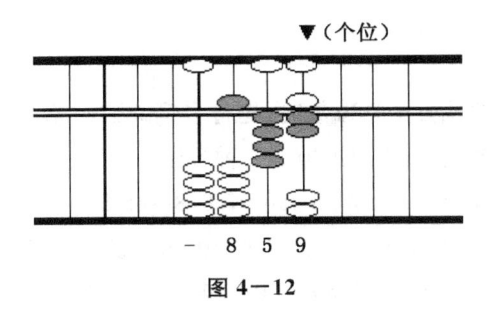

图 4—12

抄下外珠后并取负值,得出最终计算结果(个位档取 2 的补数)—458。

(二)有借有还

❖ **法则**:有借有还得数实,照抄得数为正值。

【**例 4—7**】 如果上式变成 134+267－859+500＝42,则第五、六步运算过程如图 4—13、图 4—14 所示。

▼（个位）

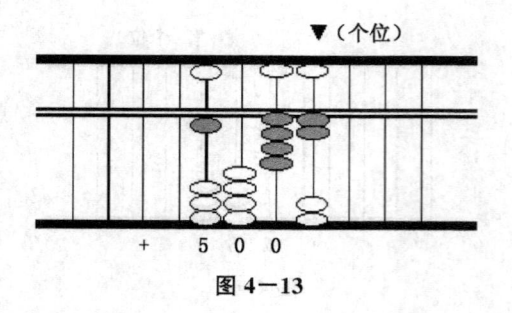

图 4—13

第六步还虚借的"1 000"后，最终运算结果为：

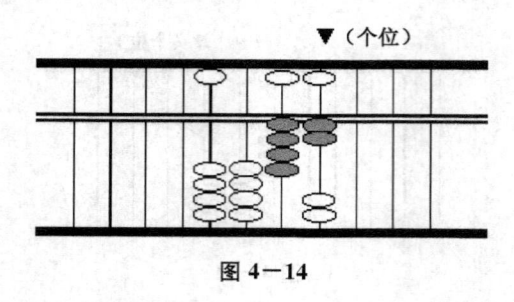

▼（个位）

图 4—14

实际中，记准虚借档位对于保证计算的正确性十分重要。

三、归总法

归总法是被减数减去多笔减数时，先将多笔减数归总求其和，然后用被减数减去归总减数的和数，从而得出差数的一种方法。

【例 4—8】 78 895－1 234－3 456－5 678＝68 527

运算时，先将3笔减数相加得出其和 10 368，拨入算盘偏左侧；再将被减数 78 895 拨入算盘右方；再运算 78 895－10 368，得出结果为 68 527。

四、分节法

在多笔数连加的计算中，为了有效地提高运算速度，对一些一连串位数较多而且上下排列整齐的表格数字，还可以采用分节法，即将数字分成几节，每节自上而下地加减，然后得出总数。分节法多用于连加的运算。

【例 4—9】 3 456 789＋369 123＋6 875 320＋1 447 238＋265 740＋87 655＋2 532 785＋8 600＝15 043 250

共有 8 笔数字连加,我们将之列成表 4—5。

表 4—5　　　　　　　　8 笔数字分节加过程

第三节	第二节	第一节	运　算　说　明
3	456	789	运算时,先定好数位,将之分为三位数一节,将同节位上的数字相加,并在数字前留有空档,以便进位。先将第一节纵列的 8 笔数相加,盘面得 4 250,再加上第二节纵列的 8 笔数相加之和,盘面得 3 043 250,再加上第三节纵列的 4 笔数相加之和,最后盘面得 15 043 250。
	369	123	
6	875	320	
1	447	238	
	265	740	
	87	655	
2	532	785	
+	8	600	
15	043	250	

五、凑整加减法

在加减运算中,凡加数或减数接近 10 的乘方数的倍数时,就可以先把这个整数加上或减去,同时直观判定出因此而产生的零头差数是多少,最后,再对这个零头差数进行调整。这种方法实际减少了计算位数及拨珠动作,简化了运算过程,从而取得既准又快的效果。

【例 4—10】　478＋98＝478＋100－2＝576

【例 4—11】　4 137＋2 989＝4 137＋3 000－11＝7 126

【例 4—12】　3 654－1 980＝3 654－2 000＋20＝1 674

【例 4—13】　6 831－3 986＝6 831－4 000＋14＝2 845

六、一目多行加减法

一目多行加减法是心算与珠算相结合,将多行数字求和(或差)一次拨珠入盘的方法。根据每一次计算的行数不同可分为一目双行、一目三行、一目五行等。这种方法有助于心算能力的加强,通过必要的练习,可使计算水平超出单一拨珠的速度极限,而得到进一步的提高。

【例 4—14】　6 894＋5 732＋4 785＋3 251＝20 662

本例采用一目两行的方法,在算盘上依次拨入(6 894＋5 732)及(4 785＋3 251)的计算结果,即借助心算,只通过两次拨珠就可得出最后结果。其过程如图 4—15、图 4—16 所示。

第一次拨珠时,拨入 1
```
            1
            1  5
               1  2
                     6
```

图 4—15

盘上得 12 626。

第二次拨珠时,拨入 7
```
            9
            1  3
                     6
```

图 4—16

盘上最终得 20 662。

【例 4—15】 38 754＋96 218＋40 937＝175 909

本例采用一目三行的方法,在算盘上依次拨入
```
         1  6
            1  4
               1  8
                     9
                     1  9
```

得结果 175 909。

业务题

一、基本技能训练

(一)直接减

68 794－12 543＝　　　　12 349－11 334＝　　　　98 437－46 327＝

878 764－211 102－551 151－111 501＝

9 898.54－5 321.02－2 522.51＝

9 898.54－5 321.02－2 522.51－1 055.01＝　　　676 849－121 324＝

987 563－432 012＝　　　　876 896－321 231＝　　　986 339－421 223＝

(二)破五减

56 787－42 344＝　　　　87 656－44 323＝　　　　886 775－442 341＝

667 887－433 443＝　　　5 656.77－1 324.33＝　　7 687.57－3 244.34＝

667 887－433 443＝　　　787 668－443 224＝　　　7 788.75－3 344.32＝

8 789.65－4 344.21＝

(三)退十减

145 678－56 789＝　　　　187 654－98 875＝　　　　112 765－29 876＝

2 637－718－844＝　　　　657 558－78 669－76 543＝　　187 654.32－98 875.59＝

1 239－546－558＝　　　　2 659－447－548＝　　　　657 558－78 669－76 543＝

1 655 609－966 193－647 686＝

(四)退十补五减

11 234－6 789＝　　　　144 322－67 676＝　　　　823 442－78 986＝

433 243－268 798＝　　　843 432－96 876＝　　　412 343.21－67 897.66＝

984 322－29 867＝　　　144 332－69 876＝　　　843 432－96 876＝

433 243－268 798＝

(五)简捷加减法

运用简捷方法计算下列算式,并指出适合运用哪一种或哪几种简捷算法。

1.	4 895	2.	48 955	3.	25 896
－	7 436	＋	14 980	＋	13 999
		－	9 880	＋	54 987

4.	48 595	5.	578 594	6.	370
－	4 980	－	3 248	－	421
		－	5 652	－	7 800
		－	9 092	＋	10 000

7.	5 028.96	8.	4 895	9.	1 111 110
－	97.50	－	7 436	－	123 494
－	397.90	＋	3 454	－	864 955

10.	34 567	11.	67 890	12.	6 789 565
＋	1 990	＋	495	＋	1 239 654
＋	2 995	＋	9 987	＋	549 954
＋	3 498	＋	98	＋	577 688

13. 168 302	14. 25 086	15. 4 657
+ 389 504	+ 47 081	+ 983
+ 512 706	+ 69 013	+ 2 362
+ 734 988	+ 961 153	+ 4 096
+ 6 024	+ 38 642	+ 41 753
+ 8 406	+ 42 903	+ 360 629
+ 1 608	+ 70 845	+ 3 580 569
+ 3 801	+ 749 831	+ 159

16. 768 543	17. 985 304	18. 256 037
− 12 345	− 87 654	− 4 910
− 23 456	− 176 543	− 59 715
− 34 567	− 65 431	− 15 068
− 45 678	− 154 321	− 4 013
− 56 789	− 45 678	− 59 786
− 135 790	− 134 567	− 8 324

19. 13 286	20. 888 888
− 13 840	− 278 998
− 7 509	− 459 858
+ 9 063	+ 6 450

（六）趣味练习

1. 七盘成（九盘清）的倒减练习

先在盘上拨入 987 654 321，然后以 123 456 789 为减数连减七遍，最后得 9。

2. 结合"三面旗帜"的减法练习

把 1 864 386 438 642 入盘，照原数连加四次，得 9 321 932 193 210，然后，再以 1 864 386 438 642 为减数，连减五次，回复到 0。

3. 结合"凤凰展翅"的减法练习

把 246 908 642 入盘，然后照原数连加四次，得 1 234 543 210；然后，以 246 908 642 为减数，连减五次，回复到 0。

4. 打百子后的倒减练习

在算盘上拨入 5 050，然后分别减去 1，2，…，100，最后得 0。

5. 连加 16 875 十次,再连减 16 875,直至减至 0。

(七)加减法综合练习(注:此处隐去加号)

1.	34 567	2.	67 890	3.	6 789 565
	1 990	−	495		1 239 654
−	2 995		9 987	−	549 954
	3 498	−	98	−	577 688

4.	168 302	5.	25 086	6.	4 657
	389 504		47 081	−	983
−	512 706	−	69 013		2 362
	734 988		961 153	−	4 096
	6 024	−	38 642		41 753
−	8 406		42 903	−	360 629
	1 608	−	70 845		3 580 569
−	3 801		749 831		159

7.	768 543	8.	985 304	9.	256 037
−	12 345	−	87 654		4 910
	23 456		176 543	−	59 715
−	34 567		65 431		15 068
	45 678		154 321		4 013
	56 789		45 678		59 786
−	135 790		134 567		8 324

10.	8 912.50	11.	2 704.01	12.	34 562 245
	139.57	−	635.18		5 962 463
−	9 316.84		6 489.23		483 552
	7 894.12		8 293.41	−	7 429 866
−	645.09		5 076.28		26 321
	2 734.16		318.57		2 438 645
−	1 835.78		9 436.46		65 284
	754.24		843.29	−	8 759

二、应用与思考

1. 某出纳员小张将钱款与账面进行核对,据查现金日记账账面余额 5 650 元,采购员张东预借差旅费 1 500 元、变卖旧报纸收入 278 元、公司副总张海私人借款白条 2 000 元均未入账。库存现金的具体情况为:100 元 15 张,50 元 5 张,20 元 6 张,10 元 20 张,5 元 34 张,1 元 94 张,0.5 元 15 张,0.1 元 65 张。请你在 5 650 元的基础上,运用倒减的方法,判断是否存在长短款。

2. 按照规定,银行每季度要为单位计算活期存款利息,采用的方法是用累计日积数×日利率。我们下面就计算一下东风机械修配厂的计息积数,方法是用 5 月 1 日的积数逐笔加上或减去由于以后陆续发生提款而导致的利息积数减少的数额,最后得出 6 月 20 日终应计算的计息积数。

中国××银行
活期存款 科目分户账

账号:201001

户名:东风机械修配厂　　　　　　　　　　　　　　　利率:0.3‰(月利率)

2011年		摘 要	借方 发生额	贷方 发生额	借或贷	余 额	日 数	积 数
月	日							
5	1	开户		30 000	贷	30 000	3	90 000
5	4	转付	1 236		贷			
5	9	转收		2 593	贷			
5	23	转付	1 849		贷			
6	2	现收		1 078	贷			
6	18	转付	1 257		贷			
6	20	计息			贷			
6	21	结息						

3. 某单位下属 5 个营业部,年终要对各营业部完成收入计划情况进行考核和评价,其完成情况如下表所示,请补充填完余下空格。

营业部	收入计划（元）	实际完成（万元）	完成计划百分比（%）	与计划相比绝对值相差（万元）
A	123 345	98 376	79.76	
B	345 456	297 178	86.02	
C	456 567	462 718	101.35	
D	678 789	679 195	100.06	
E	789 123	796 218	100.90	
总计				

4. 2006年12月4日某支行的有关业务凭证资料如下表所示：

业务序号	凭证种类	借方 科目或账号	借方 金额（元）	贷方 科目或账号	贷方 金额（元）
1	现付	201003	200	现金	200
2	现收	现金	2 400	201004	2 400
3	转账	201005	3 700	201002	3 700
4	转账	201004	3 200	201002	3 200
5	现付	201002	4 100	现金	4 100
6	转账	201001	5 000	123001	5 000
7	转账	201002 201005	6 400 9 200	联行往账	15 600
8	现付	201001	5 300	现金	5 300
9	现收	现金	4 200	201005	4 200
10	转账	201003	1 600	201004	1 600
11	转账	利息支出	7 400	201003 201001 201002 201004 201005	800 1 400 1 900 2 200 1 100
12	转账	201001 201004 201005	5 400 1 700 2100	利息收入	9 200
13	现付	201002	900	现金	900

假设201001、201002、201003、201004、201005分别为甲、乙、丙、丁、戊公司在该银行的活期存款账号,请通过计算说明:(1)这5家公司活期存款当日净增加或净减少多少元?(2)该支行当日现金净增加或净减少多少元?(3)该支行当日活期存款净增加或净减少多少元?

三、达标训练(每一题均在10分钟内完成)

1.

(一)	(二)	(三)	(四)	(五)	(六)	(七)	(八)	(九)	(十)
3 417	1 396	43	58	813	742	854	2 408	3 612	93
62	−548	615	741	56	9 026	67	39	−47	541
509	25	7 089	2 306	167	85	−45	572	805	6 028
83	−74	34	−872	2 470	173	9 203	16	96	74
2 140	6 753	257	39	38	48	78	3 647	938	328
95	81	1 760	−804	4 503	2 690	392	85	7 021	46
721	−902	82	73	629	57	16	431	−673	1 905
38	47	506	5 902	94	324	1 640	1 950	54	273
6 094	3 068	71	89	7 381	61	−781	609	−4 520	15
956	−203	9 128	−136	65	8 905	−5 039	28	−89	7 608
82	54	683	4 710	903	19	−23	74	726	572
4 801	7 190	34	−32	48	432	487	9 063	38	37
79	−61	97	4 165	5 092	35	−61	219	4 105	4 019
365	829	4 025	−96	12	7 061	2 905	58	−91	86

2.

（一）	（二）	（三）	（四）	（五）
2 064	473	7 063	513	3 168
367	8 901	854	2 890	－975
524	265	192	－429	254
1 780	529	5 603	613	7 602
412	6 074	735	－705	－831
785	831	4 218	6 084	497
8 053	706	946	932	－2 048
598	8 012	279	497	－561
319	354	524	－8 106	398
7 962	193	3 180	523	4 605
136	4 960	687	7 804	379
204	587	306	691	214
6 871	236	295	156	8 950
943	5 082	741	－3 875	－603
159	794	8 029	－427	271

（六）	（七）	（八）	（九）	（十）
543	6 813	274	5 032	317
7 208	485	7 105	－764	806
961	397	683	187	4 092
586	2 604	693	－3 815	－638
2 074	715	425	926	571
319	742	8 041	470	9 230
637	9 086	159	9 308	169
8 140	193	6 802	693	－489
925	7 409	793	－249	5 602
706	825	536	6 751	－394
5 183	652	217	－862	－745
419	346	4 180	705	－2 018
832	420	3 068	－507	352
6 091	913	592	2 381	586
547	8 075	971	194	7 149

3.

（一）	（二）	（三）	（四）	（五）
470.13	10.26	59.67	3 108.57	716
8.57	6 039.12	1.09	2.08	9 042
59.41	6.89	60.52	−37.92	−485
1.95	52.03	6 903.85	4.65	873
3 597.26	5.41	7.43	−26.34	425
2.69	98.60	42.08	50.28	−3 062
60.54	3.72	1.92	4 807.31	6 180
4.37	627.58	38.29	−31.87	591
32.08	2.09	7.50	9.56	−273
6.20	48.75	7 154.38	174.39	346
89.36	370.14	6.14	−9.62	−195
4.12	4 638.59	341.82	5.04	8 072
7 308.26	9.71	2.61	42.97	−4 601
10.48	41.35	703.54	−308.56	839
587.19	7.84	67.98	9.12	597

（六）	（七）	（八）	（九）	（十）
4 128	214	102 538	78.04	5.34
859 367	265 307	497	9.53	7.18
34 205	192	1 923	−3.89	−4.26
680	9 856	748	6.15	60.59
5 129	604	50 639	30.72	−7.15
389 761	2 018	8 160	−57.04	3.82
547	34 596	724	5.34	8.31
6 034	7 982	240 537	1.86	−30.95
213	120 837	962	−10.65	14.06
5 706	513	7 216	62.08	2.87
829	3 674	358	7.91	−6.14
215	51 068	849	−4.13	7.92
49 708	749	6 017	9.27	50.69
194	4 370	59 306	−2.16	−28.03
6 073	985	5 481	4.89	9.74

第四章 珠算减法

财经基本技能与训练

4.

(一)	(二)	(三)	(四)	(五)
30 285	4 871	863	607 145	58 147
476	560 793	4 305	−36 572	280 467
1 549	625	170 592	8 209	−3 609
367 092	24 807	795 034	483	16 395
54 817	1 362	21 648	150 469	−482
684	98 534	8 267	−72 814	9 753
730 265	426	34 902	−9 537	732 051
9 321	803 149	5 231	26 145	692
82 956	32 051	601 579	639	84 206
380	650 917	97 106	403 782	−8 914
904 132	7 382	834	81 293	501 743
5 378	49 175	231 758	706	−96 371
617 852	806	64 093	−5 801	325 081
96 704	36 981	925	950 237	607
29 140	971 054	78 614	−48 619	−49 582

(六)	(七)	(八)	(九)	(十)
97.41	15.46	890.32	9 125.05	685.24
6 204.38	306.64	7.16	8.74	7 130.49
605.97	89.57	6 250.83	−360.87	3.76
2.59	4 601.35	19.75	2 194.76	−28.35
130.87	930.42	4.27	9.38	−5 706.81
8 618.02	4.85	843.09	−43.52	495.02
43.75	68.71	9 108.52	720.93	−89.16
6.13	1 503.28	63.81	625.14	2.73
705.64	796.13	250.74	−70.29	190.47
2 491.58	2.79	6 984.07	458.70	6 238.04
7.39	49.05	5.63	−19.62	9.58
521.03	8 021.67	341.92	−5 804.16	−570.19
4 209.81	186.58	89.24	8 630.15	−62.34
86.17	5.34	1 506.78	4.38	2 159.06
952.34	3 497.26	475.16	157.39	783.41

5.

(一)	(二)	(三)	(四)	(五)
6 032	436 219	93 716	792 681	5 126 398
409 326	84 956	9 021	8 531 926	−8 921
7 823 691	1 875	3 867 245	−7 034	60 139
15 978	5 817 023	5 408	5 097	902 754
372 015	90 348	84 796	940 328	−41 305
6 049 257	623 954	452 607	−96 251	7 650
3 461	79 201	9 035	4 263 807	49 285
534 809	346 875	768 351	501 262	−752 468
81 627	8 712 039	401 927	71 846	8 276 531
912 583	70 468	5 624 718	−837 029	731 296
7 046	4 937	812 693	6 754	−60 849
58 702	521 604	9 013	902 841	1 437
687 139	8 356	43 508	−46 518	904 378
1 604	712 069	136 027	54 021	−3 706
42 953	5 021	85 214	−9 375	520 841

(六)	(七)	(八)	(九)	(十)
641.25	58.24	875.26	8 315.26	912.58
7 012.68	604.19	7 038.45	−152.94	56 294.30
37.04	3 217.68	12 463.90	607.15	60.71
958.13	16 429.37	90.17	59 263.41	−304.25
46 309.27	973.05	6 725.84	−78.65	4 621.08
8 472.69	60.79	561.38	902.78	−68.71
930.56	8 652.71	42.05	3 629.04	376.69
50.74	704.25	7 038.61	42 530.16	−1 926.38
7 081.52	91.56	40.73	−8 341.20	82 963.49
62 489.37	4 128.09	179.26	78.69	−405.97
156.98	65 289.37	40 256.19	50.87	574.31
5 261.83	73.64	5 863.47	8 074.39	9 031.85
70.14	1 302.98	207.94	−30.74	−58.76
3 029	514.80	95.31	−936.21	107.28
93.85	3 450.83	3 981.29	1 897.45	5 392.04

6.

（一）	（二）	（三）	（四）	（五）
35 076 498	4 987 501	57 098 621	6 081 973	79 210 843
127 306	92 361	3 409 581	−245 016	5 069
21 849	8 047	43 627 085	9 452	−408 365
5 963	239 571	2 346	73 821	17 204
2 410 587	43 250 698	4 970 513	30 965 478	2 398
27 538	38 649	719 806	−5 108 624	6 297 351
10 649 527	27 150	20 894 756	90 732	56 710 483
8 914	9 102 546	12 364	34 706 851	−405 879
306 589	38 725 401	3 985	9 283	6 213 974
4 120 763	6 387 065	207 168	−691 547	71 260 584
21 985 073	689 231	3 421 795	4 532 801	81 729
6 431	4 728	86 172	−697 182	−3 651
27 658	750 961	495 037	−35 602	−5 726 409
5 804 976	3 469	60 149	7 956	−387 651
461 023	51 087 234	8 345	49 301 728	24 839

（六）	（七）	（八）	（九）	（十）
7 604.59	92 431.65	1 350.42	450 218.79	205 639.81
23.18	7 849.03	7 608.93	−3 620.85	47.39
381 670.49	78.51	514 896.27	−1 346.07	640.25
52 034.91	620 451.78	50 632.89	579 803.64	−78 106.94
678.52	293.86	14.79	129.63	570 823.16
3 318.46	59.42	531.68	92.75	−2 435.08
26.05	73 160.84	427 590.31	−41 085.32	179.56
450 698.17	5 067.19	4 287.61	−7 419.68	42 079.31
3 241.50	107 843.25	20 894.17	584.06	−8 523.96
82 306.94	963.21	306.24	310 297.56	18.74
675.01	78 605.24	897 635.12	39 102.47	41 263.07
38.29	93.51	40.63	83.67	−593.34
209 415.73	302.68	795.01	−958.21	82.19
681.49	4 970.25	83.62	42.87	−7 605.34
78 026.35	659 043.78	75 048.61	45 068.91	520 968.17

第五章　珠算乘除法

内容提示

本章重点介绍了珠算的乘法与除法的基本知识,详细学习了珠算乘法中空盘前乘法与破头乘法,以及除法中的商除法,这些都是在实际工作中运用最广也最为简便的算法。珠算乘除法学习的要点是熟记并运用好大九九口诀,掌握运算技巧,学会对积和商的定位,并将所学计算技能应用于实践。

珠算乘除法运算的快慢很大程度上取决于珠算加减法的熟练程度。由于算盘上不能直观显示"0"这个数字,因此,准确定位是乘除法运算准确性的重要前提。在珠算过级考试中,乘除法运算的成败常常决定考生能否通过。

第一节　乘除法概述

一、乘法概述

(一)概念

乘法是求一个数的若干倍是多少的计算方法,也就是求得几个相同加数之和的简便算法。它是在加法的基础上,应用乘法口诀,边乘边加积来进行运算的。珠算乘法的意义和运算原理与笔算乘法基本相同,只是相乘的顺序有些不同。

(二)乘法运算基本规则

1. 乘法的计算公式及其运算的定律和性质

乘法的计算公式为：

被乘数×乘数＝乘积（或积）

根据数学原理,对乘法的几个因数可以相互变换和调整位置,用以简化运算,主要有三个定律。

(1)乘法交换律。乘法交换律是指被乘数和乘数可以相互交换位置而乘积不变的规律。例如,15×258＝258×15,其乘数从258改为15后,就从三位数改为两位数,但并不影响乘积。

(2)乘法结合律。乘法结合律是指几个数字相乘,可以将容易相乘的数据结合起来,其积不变的规律。例如,80×150×25＝(80×25)×150＝2 000×150＝300 000,计算就比较简便。

(3)乘法分配律。乘法分配律是指在被乘数上增加或减少一个补数,其代数和与乘数相乘的积数等于各个加数与乘数相乘的代数和的规律。例如,989×25＝(1 000－11)×25＝(1 000×25)－(11×25)＝25 000－275＝24 725,也可以简化运算。

在珠算中运用这些规律,有效地提高了运算效率。

2. 乘法口诀

珠算的传统乘法是用大九九口诀运算的。所谓大九九就是从"一"到"九"共有81句口诀,每句由4字组成,分别为乘数、被乘数和乘积,其中前面两个中文数字表示被乘数和乘数,后面两个阿拉伯数字表示积。例如"一一01"即为1×1的积为01,"六七42"即6×7的积为42。每乘一位,应立即默念口诀,将乘积递位叠加,求得积数。经过熟读苦练,就能做到脱口而出、随手打来。

大九九口诀与珠算的乘法和除法结合使用,具体方法将在以后各节介绍。大九九口诀表如表5－1所示。

表5－1　　　　　　　　　　大九九口诀表

乘数 被乘数	一	二	三	四	五	六	七	八	九
一	一一01	二一02	三一03	四一04	五一05	六一06	七一07	八一08	九一09
二	一二02	二二04	三二06	四二08	五二10	六二12	七二14	八二16	九二18

续表

乘数 被乘数	一	二	三	四	五	六	七	八	九
三	一三03	二三06	三三09	四三12	五三15	六三18	七三21	八三24	九三27
四	一四04	二四08	三四12	四四16	五四20	六四24	七四28	八四32	九四36
五	一五05	二五10	三五15	四五20	五五25	六五30	七五35	八五40	九五45
六	一六06	二六12	三六18	四六24	五六30	六六36	七六42	八六48	九六54
七	一七07	二七14	三七21	四七28	五七35	六七42	七七49	八七56	九七63
八	一八08	二八16	三八24	四八32	五八40	六八48	七八56	八八64	九八72
九	一九09	二九18	三九27	四九36	五九45	六九54	七九63	八九72	九九81

本口诀中的"0"代替了小九九口诀中的"得"字,目的是为了防止错位,在遇到"0"时在算盘上不布数,而是手指向右移动一档。本口诀早为人们所熟悉,重点是熟练在算盘上的应用。

3. 乘法运算的基本顺序

乘法运算按其运算顺序分为后乘法和前乘法两种,两种都是用大九九口诀运算,但乘算的次序不同。

(1)后乘法。后乘法的运算顺序是先从被乘数的末位至首位逐位分别与乘数的首位至末位相乘,逐一在被乘数位置改变算珠,得出乘积。

(2)前乘法。前乘法的运算顺序是先从被乘数的首位直至末位分别与乘数的首位至末位相乘,逐一在被乘数位置改变算珠,得出乘积。

(三)积的定位法

1. 概念

定位法就是确定乘积或商数位数的方法。

珠算运算记数方法与笔算不同,对"0"是用空档表示的,以珠靠梁表示数,所以在算盘上不定位的数是不能确定数值的。例如,50×4=200,积在算盘上只显示出两颗下珠靠梁,那么,这两颗下珠究竟是表示2、20、200还是0.2、0.002呢?无法确认。因此,在珠算计算中必须定位,而要掌握乘积的定位法,就必须先了解数的位数。

(1)数的位数。一个数的位数,是由该数的最高位有效数字相对于小数点的相对位置决定的,数的位数可分为以下三类:

①正位数。凡是有效数字在小数点左边的,均称为正位数(包括整数)。有几

位整数就称为正几位(不论它带有几位小数)。

【例5—1】　96 856——正五位

　　　　　　96.856——正二位

②负位数。凡是有效数字在小数点右边的,且第一个有效数字与小数点之间夹零的数,称为负位数。第一个有效数字与小数点之间夹几个零就是负几位。

【例5—2】　0.018——负一位

　　　　　　0.001 8——负二位

③零位数。凡是有效数字在小数点右边的,且第一个有效数字与小数点之间不夹零的数,称为零位数。

【例5—3】　0.18——零位数

　　　　　　0.108——零位数

2. 乘法的定位方法

珠算乘法的定位方法主要有公式定位法、固定个位定位法和移档定位法三种。现分别说明如下:

(1)公式定位法。公式定位法通用于各种计算方法,当乘积的数字在算盘上计算出来以后,根据两因数的位数用公式来确定积的位数。

定位公式为:

$$b=m+n \tag{5-1}$$

$$b=m+n-1 \tag{5-2}$$

式中:b 为积的位数,m 为被乘数的位数,n 为乘数的位数。

公式(5—1)和公式(5—2)应依据以下定位规律选择使用:

①当两因数首位数的乘积为两位数时,且积的首位数字比被乘数或乘数的首位数字小,用公式(5—1)定位,即 $b=m+n$。

【例5—4】　8×53=424

积的首位数字 4 比被乘数首位数字 8 小,比乘数的首位数字 5 小,所以适用公式(5—1)定位,即 1+2=3(位)。

②当两因数首位数的乘积为一位数时,且积的首位数字比被乘数或乘数的首位数字大,用公式(5—2)定位,即 $b=m+n-1$。

【例5—5】　35×28=980

积的首位数字 9 比被乘数首位数字 3 大,比乘数的首位数字 2 大,所以适用公式(5—2)定位,即 2+2—1=3(位)。

③当积的首位数字与两因数首位数字当中的其中一个相同时,就与另一个进行比较;如果积的首位数字小于另一个数的首位数字时,就用公式(5-1)来定位;如果积的首位数字大于另一个数的首位数字时,就用公式(5-2)来定位。

【例5-6】 92×11=1 012

积的首位数字1与乘数的首位数字1相同,但小于被乘数首位数字9,所以用公式(5-1)定位,即2+2=4(位)。

【例5-7】 50×11=550

积的首位数字5与被乘数的首位数字5相同,但大于乘数首位数字1,所以用公式(5-2)定位,即2+2-1=3(位)。

④当积的首位数字与两因数首位数字相同时,则依次向下比较,直至比较出大小,比较出大小后,定位方法如以上三种情形。

【例5-8】 13×15=195

积的首位数字与被乘数和乘数的首位数字都是1,故比较第二位,积的第二位9比被乘数第二位3、乘数第二位5大,所以用公式(5-2)定位,即2+2-1=3(位)。

【例5-9】 10×100=1 000

积的首位数字与被乘数和乘数的首位数字相同,以下各位也相同,也适用公式(5-2),即2+3-1=4(位)。

公式定位法是一种非常实用的定位方法,适用于一切乘算方法,且边乘数边抄数边定位,较其他定位方法简捷方便,定位规则可以简单归纳为:位数相加,前空减一。

"位数相加":两因数位数相加。

"前空减一":计算时把算盘某一记位点作为起乘档,若乘积首位落在记位点上,称为"不空",用公式(5-1)定位,若乘积首位不落在记位点上,称为"前空",用公式(5-2)定位。

【例5-10】 632×25=15 800

乘积的位数为3+2=5。

0.632×1.5=0.948

乘积的位数为0+1-1=0。

(2)固定个位定位法。固定个位定位法是在乘算之前,先在算盘上将乘积的个位档固定下来,然后根据两因数的位数在算盘上定位,运算完了,按已确定的固定个位档确定乘积的数值。具体定位方法如下:

①固定个位档。在算盘上先确定一个有记位点的档为固定个位档,随着个位

档的固定,正位、负位、零位在算盘上也就确定下来了,如图 5—1 所示。

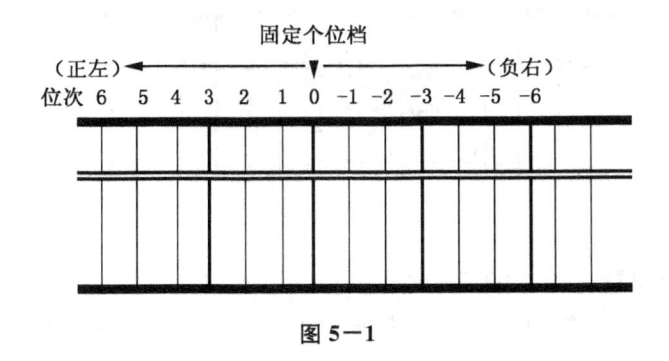

固定个位档
（正左）←——————▼——————→（负右）
位次　6　5　4　3　2　1　0　-1　-2　-3　-4　-5　-6

图 5—1

图中"▼"所指的档为个位档,个位档以左为正位档,个位档的右一档为零位,零位档以右为负位。

②定位规则。将被乘数的位数与乘数的位数相加,即 $m+n$,如和为正一位,即将被乘数从已选定的个位档上依次拨入,如和为正二位,即将被乘数从十位档上依次拨入,如和为零位,即将被乘数从个位档的右一档上依次拨入,其余类推。

按这一方法将被乘数拨入算盘,经过运算,得出积数后,积的个位即在选定的个位档上。

固定个位定位法的最大优点在于乘算后,乘积的位数可以立即从算盘上直接读出,且能用于连乘法的定位,是珠算乘算中较简捷的定位方法。

【例 5—11】　$324 \times 89 = 28\ 836$

被乘数为正三位,乘数为正二位,$m+n=3+2=5$(位),被乘数应从正五位档开始依次拨入,见图 5—2。运算后的乘积置数档位见图 5—3。

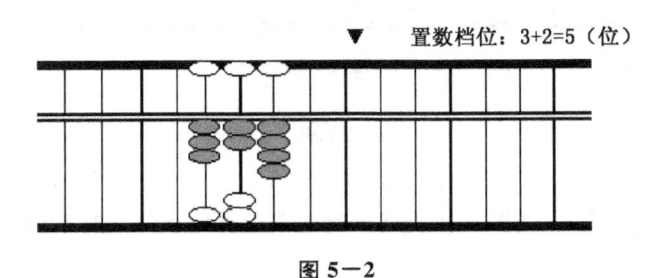

▼　　置数档位:3+2=5（位）

图 5—2

第五章　珠算乘除法

81

财经基本技能与训练

▼ 运算后的乘积置数档位

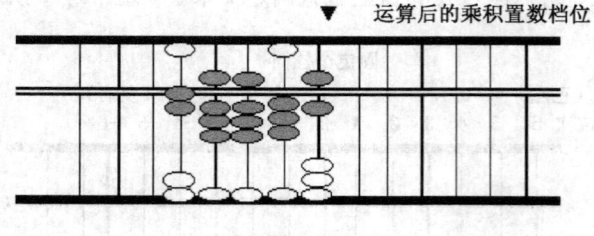

图 5-3

【例 5-12】 8.64×62.5＝540

被乘数为正一位,乘数为正二位,$m+n=1+2=3$(位),被乘数应从正三位档开始依次拨入,见图 5-4。运算后的乘积置数档位见图 5-5。

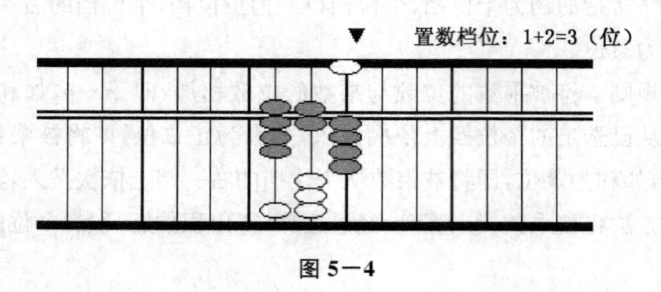

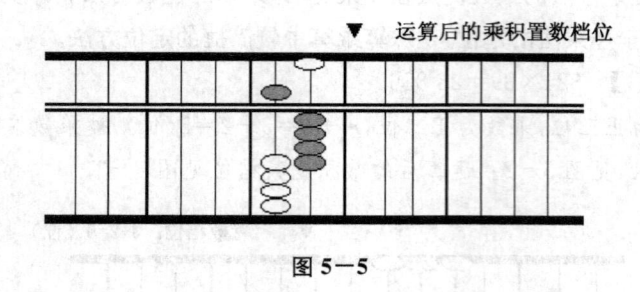

▼ 置数档位：1+2=3（位）

图 5-4

▼ 运算后的乘积置数档位

图 5-5

【例 5-13】 6.74×0.003 8＝0.025 612

被乘数为正一位,乘数为负二位,$m+n=1+(-2)=-1$(位),被乘数应从负一位档开始依次拨入,见图 5-6。运算后的乘积置数档位见图 5-7。

▼ 置数档位：1+（-2）=-1（位）

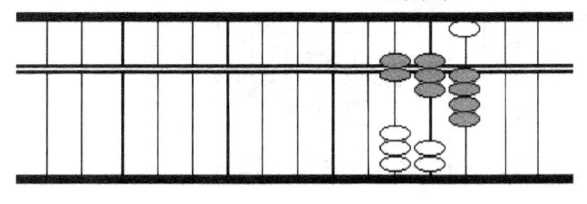

图 5－6

▼ 运算后的乘积置数档位

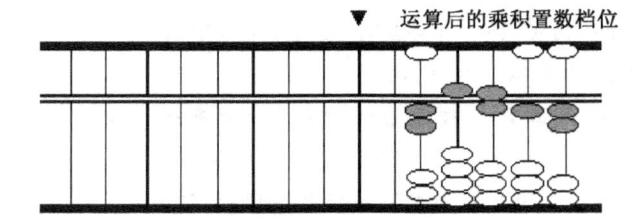

图 5－7

(3)移档定位法。移档定位法是根据乘数的位数先确定积的个位档位的方法,凡被确定的档位应在算盘上作出记号,作为定位的依据。主要掌握三条原则。

① 凡乘数是正几位,则积的个位是从被乘数的个位起向右移几档。

【例 5－14】 $346 \times 42 = 14\ 532$

定好个位后,运算前将被乘数依次拨入(用▼表示被乘数个位档),见图5－8。乘数为正二位($n=2$),则积的个位档(用▽表示)应以被乘数的个位档向右移两档。

运算后积为"14 532",个位定在"▽"号下面,见图5－9。

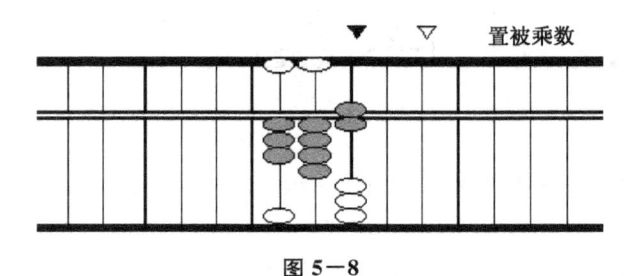

▼　▽　置被乘数

图 5－8

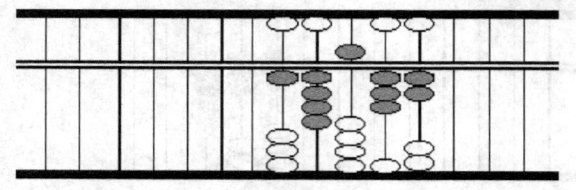

图 5—9

②凡乘数是零位数,则被乘数的个位档即是乘数的个位档。

【例 5—15】 468×0.215=100.62

定好个位后,运算前将被乘数依次拨入(用▼表示被乘数个位档),见图 5—10。乘数为零位数($n=0$),则积的定位就在被乘数个位上。

运算后积为"100.62",个位定在被乘数个位档,见图 5—11。

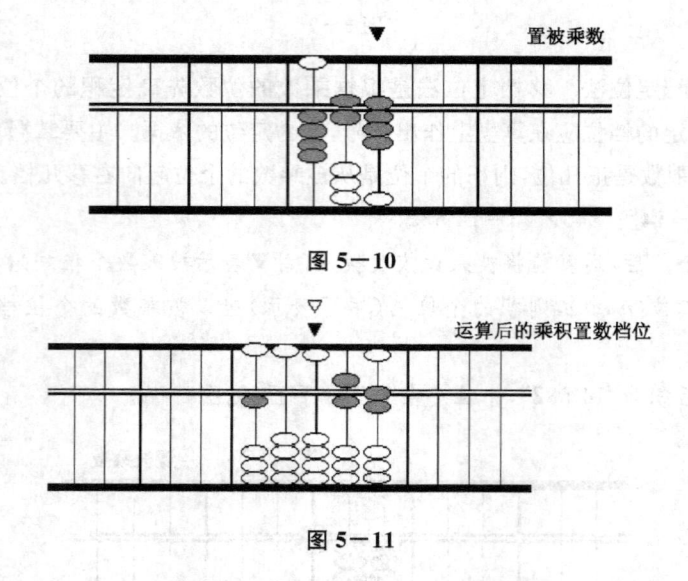

图 5—10

图 5—11

③凡乘数是负位数,乘积的个位应按负位位数从被乘数个位数向左移相同的位数。

【例 5—16】 35.8×0.000 275=0.009 845

定好个位后,运算前将被乘数依次拨入(用▼表示被乘数个位档),见图 5—12,乘数为负三位数($n=-3$),则乘积的个位档应在被乘数个位档的左面三档。

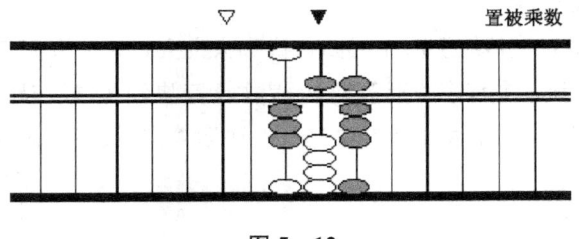

图 5-12

运算后积为"0.009 845",个位定在被乘数个位档的左面三档,见图5-13。

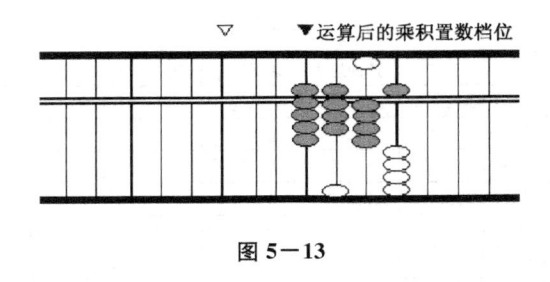

图 5-13

二、除法概述

(一)概念

除法是求一个数为另一个数的倍数的方法,它是乘法的逆运算,也是同一个数连续相减的简便算法。在珠算除法中包含着珠算加、减、乘这些运算方法与技巧,所以学习珠算除法既是珠算加、减、乘的综合运算,又是珠算四则的综合练习,具有重要意义。从实用角度看,珠算除法在财经工作中也是经常应用的。

(二)除法运算基本规则

1. 除法的计算公式及其运算定律

除法的计算公式为:

$$被除数 \div 除数 = 商(或者商 + 余数)$$

除法公式的有关项目主要有以下相互关系:

(1)除法的各个因素可以相互倒换为乘法,如 $30 \div 5 = 6$,则 $30 \times 1/5 = 6$,或 $30 \times 1/6 = 5$,便于简化除法的运算过程。

(2)被除数与除数不能交换,但几个数字可以相互结合,如 $270 \div 15 \div 9 = 2$,可以重新结合为 $(270 \div 9) \div 15 = 30 \div 15 = 2$,计算比较方便。

(三)除法的口诀

我国除法的口诀传统上沿用九归口诀和大九九口诀。九归口诀在我国流行几百年,并流传到日本和东南亚等地,但是由于口诀较多,操作比较复杂,后来人们根据笔算的原理,利用大九九口诀进行除法运算,为大多数人所采用。现分别简要说明如下:

1. 九归口诀

九归口诀是根据一位除数分别除以 1～9 九个数字所应得的商和余数编成的。如表 5－2 所示。

表 5－2　　　　　　　　　九归口诀表

一归	逢一进1	逢二进2	逢三进3	逢四进4	逢五进5	逢六进6	逢七进7	逢八进8	逢九进9
二归	二一改作5	逢二进1	逢四进2	逢六进3	逢八进4				
三归	三一3余1	三二6余2	逢三进1	逢六进2	逢九进3				
四归	四一2余2	四二改作5	四三7余1	逢四进1	逢八进2				
五归	五一改作2	五二改作4	五三改作6	五四改作8	逢五进1				
六归	六一下加4	六二3余2	六三改作5	六四6余4	六五8余2	逢六进1	逢双六进2		
七归	七一下加3	七二加6	七三4余2	七四5余5	七五7余1	七六8余4	逢七进1	逢双七进2	
八归	八一下加2	八二加4	八三下加6	八四改作5	八五6余2	八六7余4	八七8余6	逢八进1	
九归	九一下加1	九二下加2	九三下加3	九四下加4	九五下加5	九六下加6	九七下加7	九八下加8	逢九进1

九归口诀内容共分两个部分:

(1)凡被除数能被除尽的,口诀用"逢几进几"和"改作几"来表示。

(2)凡被除数不能被除尽的,口诀用"余"和"下加"来表示。

2. 大九九口诀

大九九口诀原在乘法中应用,后来应用于除法,效果很好。它用大九九口诀进行求商,计算原理和方法与笔算基本一致。在运算中,商数与除数相乘,每乘一位将乘积从被除数中退一位减去(称为逆位叠减),直至减除结束。

(四)除法运算的基本顺序和方法

我国的珠算除法基本上分为商除法和归除法两种,此外尚有不同的简易除法和珠算式心算除法,本书将在以后专门介绍商除法,现先扼要介绍商除法和归除法。

1. 商除法

商除法是在古老的除法基础上运用乘法的大九九口诀和乘积的逆位叠减方法求商。

其运算顺序为:估商、立商、减积、轮除。

2. 归除法

归除法以九归口诀为基本口诀。在一位除法中只要连续用九归口诀,就能迅速求出所要求的商数和余数。在多位除法中,主要用九归口诀求出初商后,将初商与除数的第二位以下各位数相乘,逐次将乘积从被除数中减去,然后求出二商、三商以至最后商数。

(五)除法的定位

除法的定位与乘法的定位,其原理和方法基本相同,但定位方向相反。除法的定位主要有公式定位法、固定个位档定位法和移档定位法三种。

1. 公式定位法

除法的公式定位法是当商的数字在算盘上计算出来以后,以被除数和除数位数相减为依据,确定商的位数,它适用于各种计算方法。

定位公式为:

$$b=m-n \qquad (5-3)$$

$$b=m-n+1 \qquad (5-4)$$

式中:b 为商的位数,m 为被除数的位数,n 为除数的位数。

公式(5—3)和公式(5—4)应依据以下定位规律选择使用:

(1)被除数和除数相除,当被除数首位数字比除数首位数字小时,即不够除时,用公式(5—3)定位,即 $b=m-n$。

【例 5—17】 $250÷5=50$

被除数首位数字 2 比除数首位数字 5 小,所以用公式(5—3)定位,即 3—1=2 位。

(2)当被除数首位数字比除数首位数字大时,即够除时,用公式(5—4)定位,即 $b=m-n+1$。

【例 5—18】 $589.1÷4.3=137$

被除数首位数字 5 比除数首位数字 4 大,所以用公式(5—4)定位,即 3—1+1=3(位)。

(3)当被除数首位数字与除数首位数字相等时,则依次向下比较,直至比较出大小,定位方法以上两种情况。

【例 5—19】 $3\ 196÷37\ 600=0.085$

被除数的首位数字与除数的首位数字都是 3,故比较第二位,被除数的第二位数字1小于除数的第二位数字7,所以用公式(5-3)定位,即4-5=-1(位)。

【例5-20】 2 750÷2.5=1 100

被除数的首位数字与除数的首位数字都是2,故比较第二位,被除数的第二位数字7大于除数的第二位数字5,所以用公式(5-4)定位,即4-1+1=4(位)。

(4)在纯小数除法中,除数小数点后有几个"0",除数的位数就以负几位计算,如果除数小数点后没有"0",除数的位数就以零位计算。定位方法如以上三种规则。

【例5-21】 0.154÷0.028=5.5

其被除数首位是零位,除数是负一位,被除数首位数字1小于除数首位数字2,所以用公式(5-3)定位,即0-(-1)=1(位)。

公式定位法是目前珠算除法当中应用最多的定位方法,其定位规则可以归纳为:位数相减,满档加一。

位数相减:即被除数和除数位数相减。

满档加一:计算时把算盘某一记位点(通常为算盘左起第三档)作为起拨档,若商的首位在记位点左边第一档(挨位)时,称为"空档(即不够除)",用公式(5-3)定位;若商的首位在记位点左边第二档(隔位)时,称为"满档(即够除)",用公式(5-4)定位。

2. 固定个位档定位法

又称固定点定位法,它是根据珠算定位方法事先确定商数的个位定点的方法。

(1)固定个位档(见本章乘法)。

(2)定位规则。凡采用不隔位除法(如归除法、商归除)运算的,定位点为 $m-n$;凡采用隔位除法运算的,定位点为 $m-n-1$,算出的位数作为被除数的新位数拨入算盘,它的个位就是所求商的个位。式中,m 为被除数的位数,n 为除数的位数。

【例5-22】 12 888÷35.8=360

用不隔位除法,其被除数是5位,除数是2位,计算公式为 $m-n=5-2=3$(位),运算时将12 888改为3位,定位拨入算盘,定出个位档,如图5-14所示。运算结果,商为"360",个位数是0,如图5-15所示。

用▼表示个位档。

置数档位：5-2=3（位）

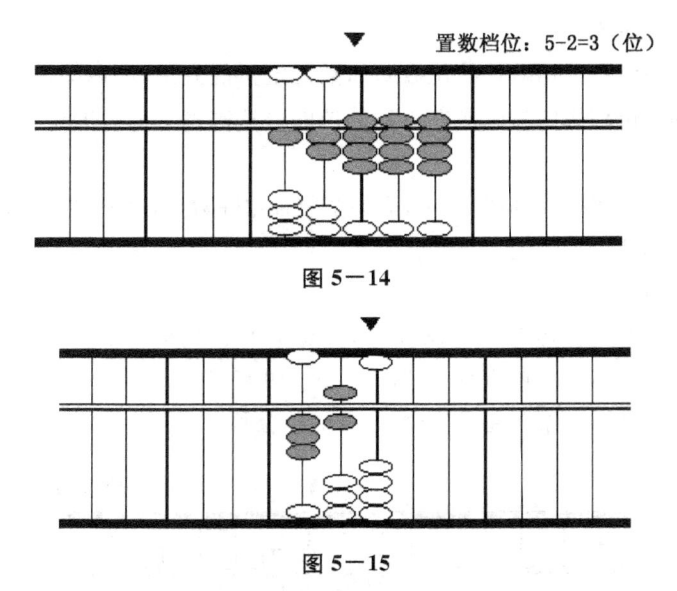

图 5—14

图 5—15

【例 5—23】 2 400÷0.96=2 500

用隔位除法,其被除数是 4 位,除数是 0 位,计算公式为 $m-n-1=4-0-1=3$（位）,运算时将 2 400 改为 3 位,定位拨入算盘,定出个位档,如图 5—16 所示。运算结果,商为"2 500",个位数是 0,如图 5—17 所示。

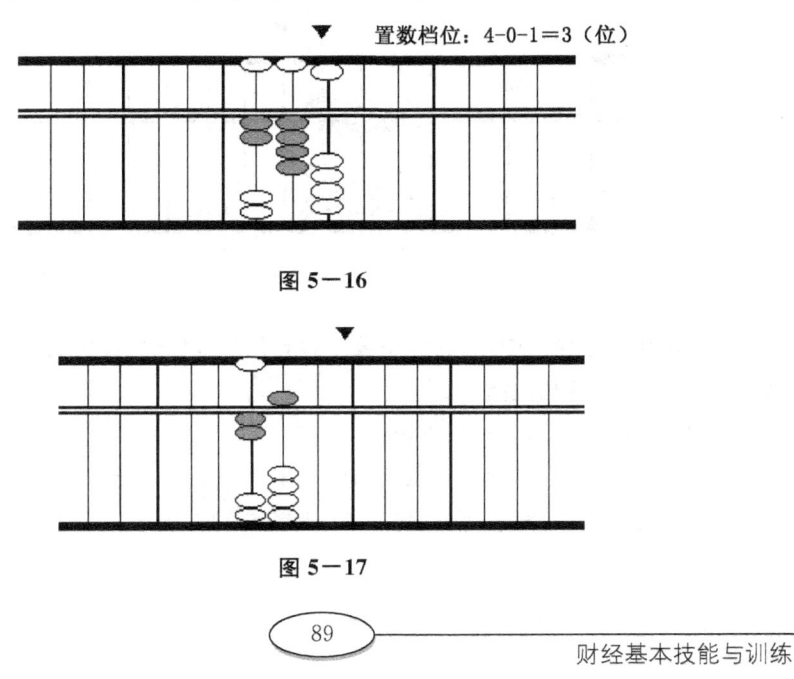

置数档位：4-0-1=3（位）

图 5—16

图 5—17

3. 移档定位法

移档定位法是根据除数的位数对商数先定位的方法,即以除数的位数为准,将被除数的个位档用向右或向左移动档位的办法来确定商数的个位档。具体分三种情况:

(1)在整数及带小数的除法中,商的个位根据除数整数的位数,定位在被除数个位的左边第几个档位上。

【例 5—24】 415.8÷25.2＝16.5

其被除数为 3 位,如图 5—18 所示,除数为 2 位,商的个位应定在被除数个位档的左边二位。运算后商为"16.5",如图 5—19 所示。

用 ▼ 表示被除数个位档,用 ▽ 表示商的个位档。

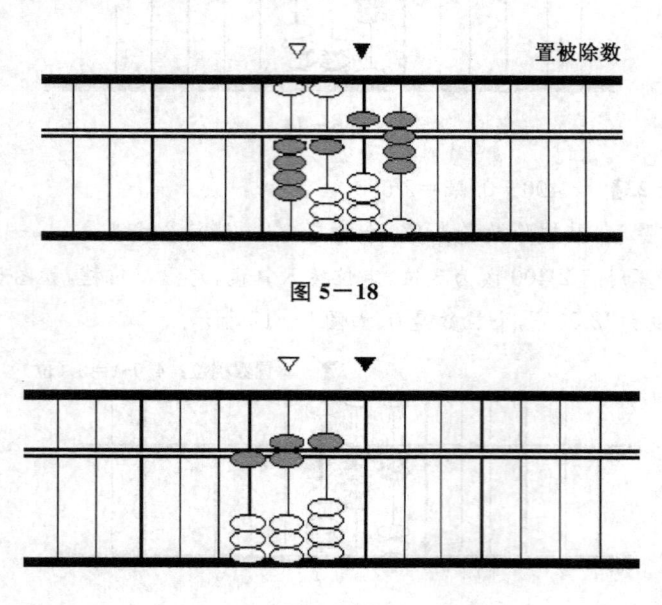

图 5—18

图 5—19

(2)在纯小数除法中,除数的小数点后有几个零位时,商数的个位就定在被除数个位档的右边第几位档上。

【例 5—25】 367.32÷0.008＝45 915

其被除数为 3 位,如图 5—20 所示,除数为一2 位,商的个位应定在被除数个位档的右边二位。运算后商为"45 915",如图 5—21 所示。

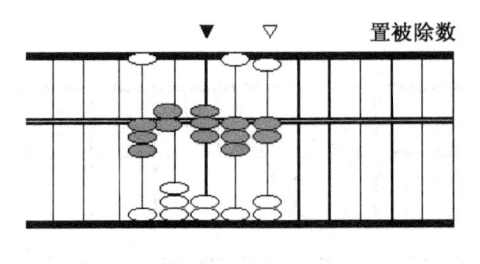

图 5-20

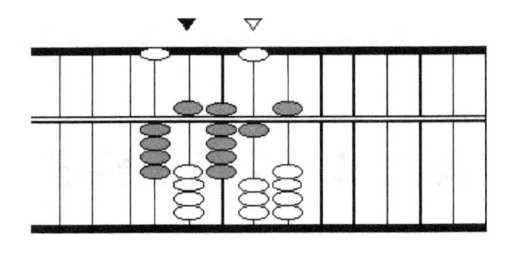

图 5-21

(3)在纯小数除法中,除数是零位时,商的个位档就定在被除数的个位档上。

【例 5-26】 757.26÷0.28＝2 704.5

如图 5-22 和图 5-23 所示。

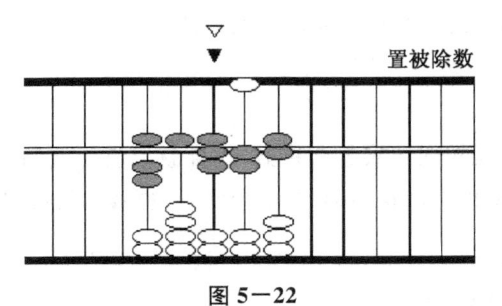

图 5-22

图 5—23

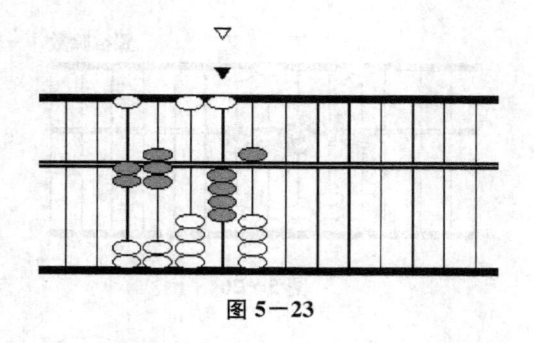

移档定位法只适用于不隔位的商除法和归除法等,不适用于隔位除法。

第二节 空盘前乘法

一、概念

空盘前乘法是在运算时,不将被乘数和乘数置盘,而是直接将乘积拨珠入盘,且从两因数的最高位开始相乘,然后自左向右逐位相乘的方法。由于算法简便易学,运算既准又快,因此是目前广泛应用的算法。

二、特点

空盘前乘法不用拨入被乘数和乘数,这样就节省了置数时间、减少了拨珠动作;运算时从首位依次叠位相加乘积,不会发生被乘数、乘数和积数相互混淆的情况。

三、基本算法及步骤

(一)乘算顺序

从被乘数的最高位与乘数的最高位数乘起,按照由高位至低位的顺序将乘数乘完;然后,按上述顺序将被乘数由高位至低位依次乘完。

【例 5—27】 478×647

乘算顺序如图 5—24 所示:

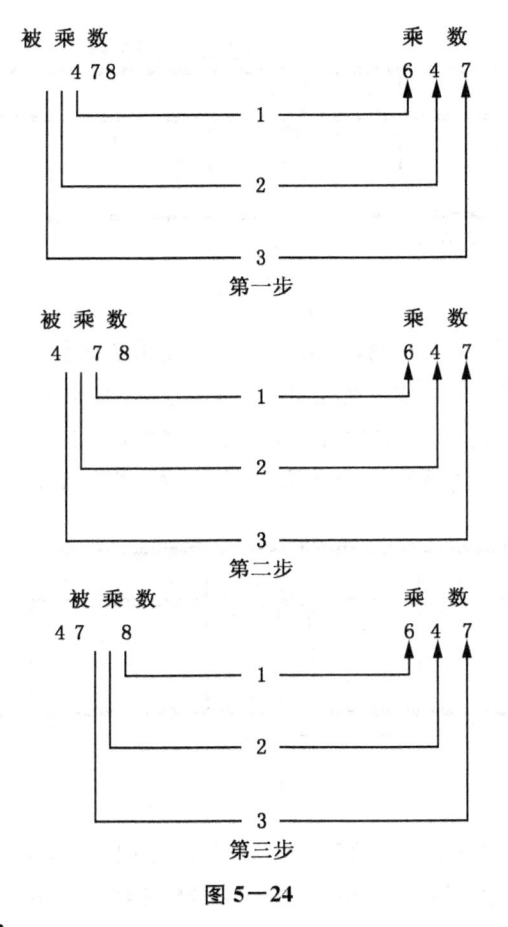

```
        被 乘 数              乘 数
         4 7 8               6 4 7
            └───────1────────┘↑ ↑
            └─────────2─────────┘ ↑
            └───────────3───────────┘
                    第一步

        被 乘 数              乘 数
         4 7 8               6 4 7
          └──────1────────┘↑ ↑
          └────────2─────────┘ ↑
          └──────────3───────────┘
                    第二步

        被 乘 数              乘 数
         4 7 8               6 4 7
        └──────1────────┘↑ ↑
        └────────2─────────┘ ↑
        └──────────3───────────┘
                    第三步
```

图 5—24

(二)加积规律

按定位法的要求,选一带有计位点的档,作为"头档"。先根据头档确定被乘数与乘数最高位相乘积的十位档,即起乘档;再按照"前次乘积的个位档,就是下次乘积的十位档"的加积规律,依次向右递位叠加。

(三)定位

可选用本章第一节中介绍的公式定位法、固定个位档定位法和移档定位法中的任一种方法。

上例:478×647＝309 266

运算过程及步骤如图 5—25 至图 5—29 所示(本章例题均采用公式定位法定位)。

四六------2　4

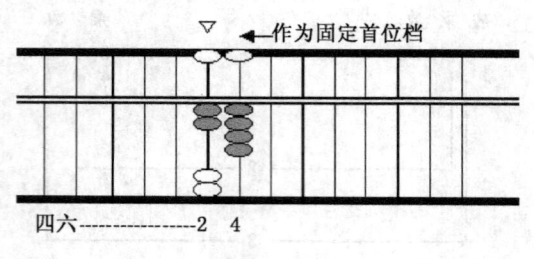

图 5—25

(1)选一带有计位点的档,作为头档。用被乘数首位 4 与乘数首位 6 相乘,"四六 24",将乘积的十位数 2 拨在固定的头档上,个位数 4 拨加在下一档。

(2)用被乘数首位 4 与乘数第二位 4 相乘,"四四 16",按拨珠规律,将乘积的十位数 1 拨加在前位乘积的个位数档上,个位数 6 拨加在下一档上。

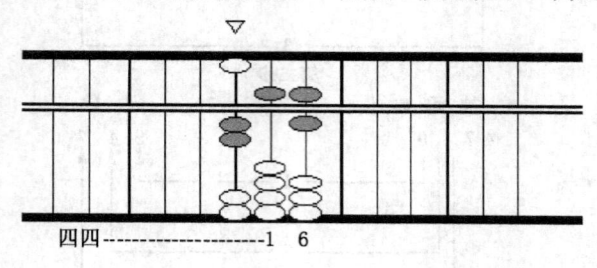

四四------1　6

图 5—26

(3)用被乘数首位 4 与乘数第三位 7 相乘,"四七 28",按拨珠规律,将乘积的十位数 2 拨加在前位乘积的个位数档上,个位数 8 拨加在下一档上。

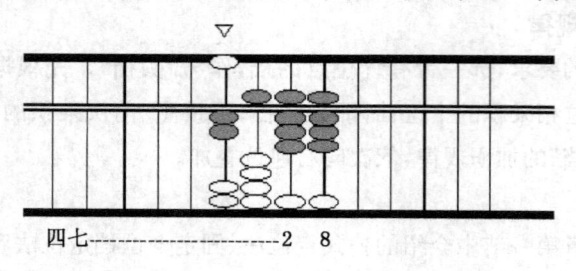

四七------2　8

图 5—27

(4)用被乘数第二位数 7 依次与乘数 647 相乘,将第一位乘积的十位数 4 拨加在固定头档的下一档上,其余按拨珠规律拨加。

```
七六------------------4 2
七四------------------2 8
七七------------------4 9
```

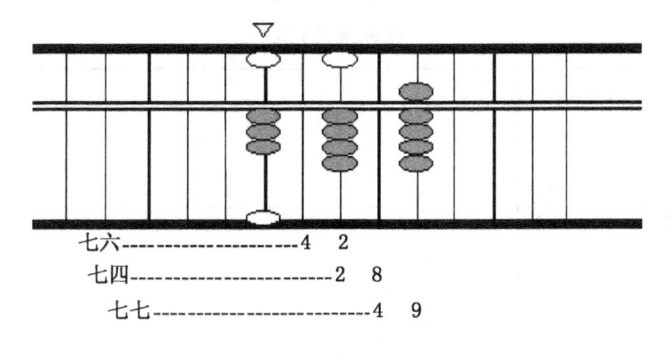

图 5—28

(5)再用被乘数第三位数 8 依次与乘数 647 相乘,因 8 是被乘数的第三位,将第一位乘积的十位数 4 拨加在固定头档的第三档上,其余按拨乘规律逐档累加。

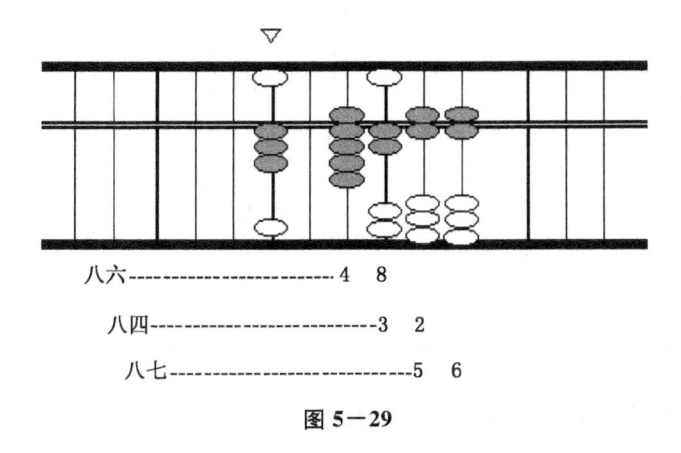

```
八六------------------4 8
八四------------------3 2
八七------------------5 6
```

图 5—29

(6)用公式法定位:乘积首位落在记位点上,为"不空",用公式(5-1)定位,即 3+3=6(位),故乘积为 309 266。

【例 5—28】 406×91.05=36 966.3

运算过程及步骤如表 5—3 所示。

表 5—3　　　　　　　　　　例题运算过程

盘面数＼盘式档次＼方法说明	一	二	三	四	五	六	七
(1) 被乘数首位 4 同乘数 9 105 相乘							
四九　36	3	6					
四一　04		0	4				
四五　20				2	0		
盘面数值	3	6	4	2	0		
(2) 被乘数第三位 6 同乘数 9 105 相乘							
六九　54			5	4			
六一　06				0	6		
六五　30						3	0
盘面数值	3	6	9	6	6	3	0
(3) 定位 3＋2＝5（位）	3	6	9	6	6	3	
乘　　积				36 966.3			

四、空盘前乘法应注意的几个问题

用空盘前乘法进行多位数计算，因两因数位数越多，运算难度就越大，越容易出现差错，所以要注意以下几点：

(1) 要牢记在头档确定后，被乘数是第几位数，起乘档就在由头档数起的第几档。乘数是第几位数，与被乘数相乘积的十位数，就拨在由起乘档数起的第几档上。

(2) 为了提高计算的准确性和速度，要养成左手点记起乘档、右手指不离计算档的加积技巧。在加积过程中，遇到被乘数或乘数夹零时，左右手要分别做相应的移档动作，即夹几个零，手指向右移几档。当部分积的十位或个位数是零时，也要用右手食指做点档动作，以防加积错档。

(3)为防止因错看被乘数或默记乘数不牢而出现运算错误,应加强看数、记数能力的训练,看数要既准又快。乘数位数越多,越不易记牢,边运算边用余光看数是有效的辅助措施。

(4)要背熟大九九口诀,要摆脱口诀,不可将口诀念出声来。切记,运用口诀时,一定要先念被乘数,后念乘数,不可颠倒位置。

第三节 破头乘法

一、概念

破头乘法是应用乘法口诀进行计算的置数挨位后乘法。它是以被乘数的末位数与乘数的最高位数开始相乘,将被乘数的末位破掉,改成乘积的十位数,因此得名破头乘法。由于破头乘法是按照乘数的自然顺序由左向右地同被乘数相乘,适应读数习惯与拨珠顺序,便于掌握运算规律,不易出现错误,准确率较高,因此是应用较广的一种基本乘法。

二、基本算法及步骤

(一)乘算顺序

从被乘数的末位数与乘数的最高位数乘起,将乘数按照由高到低的顺序依次乘完,然后按上述顺序将被乘数由低位至高位依次乘完。

【例5—29】 36×924

乘算顺序如图5—30所示。

```
        被 乘 数              乘  数
         3  6              9  2  4
```

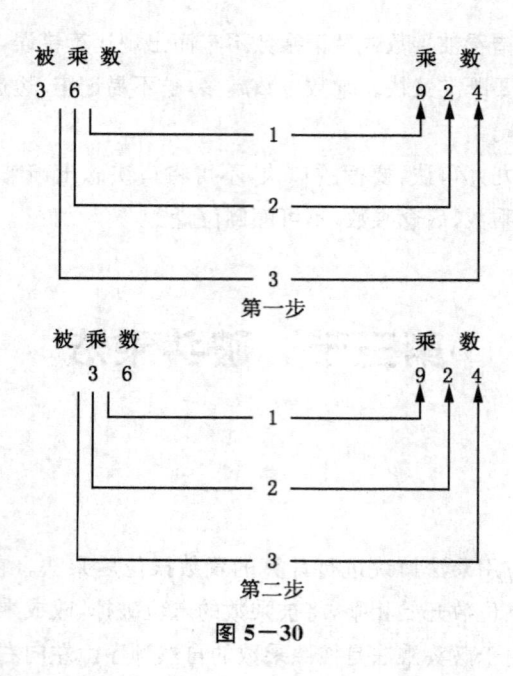

第一步

```
        被 乘 数              乘  数
         3  6              9  2  4
```

第二步

图 5—30

(二)加积规律

被乘数某一位与乘数各位相乘,与乘数首位乘积的十位数由该位被乘数所在档改成,积的个位数右移一档加上,其余各位乘积递位叠加。乘数是第几位数,同被乘数相乘积的个位数就拨在本位被乘数的右几档。

(三)定位

可选用本章第一节中介绍的公式定位法、固定个位档定位法和移档定位法中的任一种方法。

上例:$36 \times 924 = 33\ 264$

运算过程及步骤如图 5—31 至图 5—33 所示。

(1)将被乘数 36 拨在算盘上。

(2)被乘数末位 6 同乘数 924 相乘,"六九 54",将被乘数 6 改拨为 5,并在右起一档拨加 4,"六二 12"、"六四 24",则逐位递位叠加。

(3)被乘数首位 3 同乘数 924 相乘,"三九 27",将被乘数 3 改拨为 2,并在右起一档拨加 7,"三二 06"、"三四 12",则逐位递位叠加。

(4)用公式法定位:乘积首位落在记位点上,为"不空",用公式(5—1)$b = m + n$ 定位,即 $2 + 3 = 5$(位),故乘积为 33 264。

图 5—31

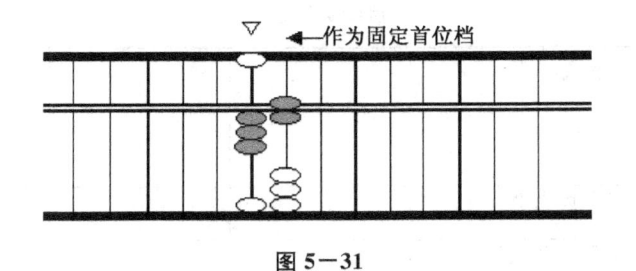

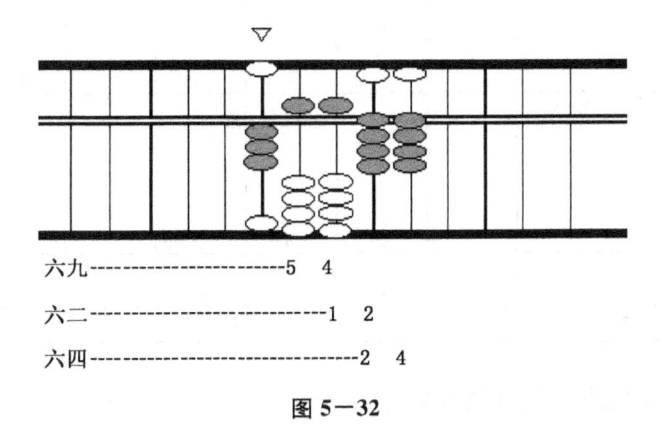

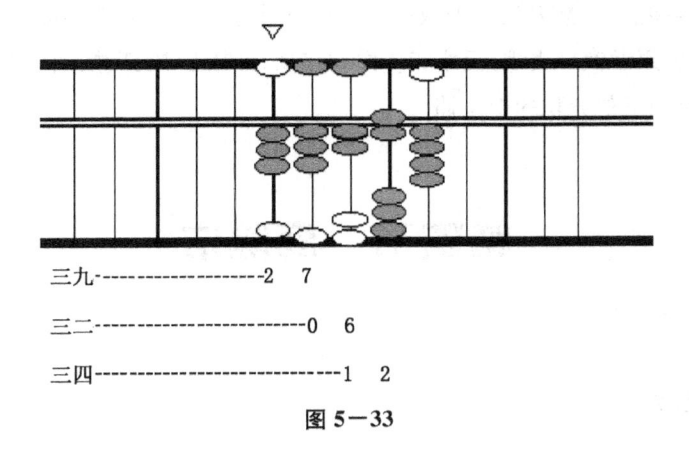

六九----------5 4
六二----------1 2
六四----------2 4

图 5—32

三九----------2 7
三二----------0 6
三四----------1 2

图 5—33

【例 5—30】 20.5×3 097＝63 488.5

运算过程及步骤见表 5—4。

表 5-4　例题运算过程

盘面数 / 方法说明 \ 盘式档次	一	二	三	四	五	六	七
(1) 将被乘数 205 拨在算盘上		二	0	五			
(2) 被乘数末位 5 同乘数 3 097 相乘							
五三　15		二	0	1	5		
五九　45		二	0			4	5
五七　35		二	0			3	5
盘面数值		二	0	1	5	4	8	5
(2) 被乘数首位 2 同乘数 3 097 相乘							
二三　06	0	6					
二九　18			1	8			
二七　14				1	4		
盘面数值		6	3	4	8	8	5
(3) 定位 2+4-1=5(位)		6	3	4	8	8	5
乘　　积	63 488.5

三、破头乘法应注意的问题

破头乘乘法中，被乘数和乘数中夹零是计算难点。如果被乘数中夹零，计算时不考虑，如果乘数中夹零，手指相应向右移动，夹几个零，手指就向右移几档，移位末档就是加下部分积的十位档。

第四节　商除法

一、概念

商除法是基本的求商法，用大九九口诀进行试商减积，其计算原理及方法与笔算基本一致，因此是珠算基本除法中较为简便的方法之一。

其运算程序大致分为估商、立商、减积、轮除等几个方面。

二、运算规则

(一)除算顺序

自算盘左起第三档(适中档位亦可)起拨入被除数,凡是被除数和除数的各自首位或头两位数字相比,够除的都隔位置商,不够除的都挨位置商。盘式如图 5—34 所示。

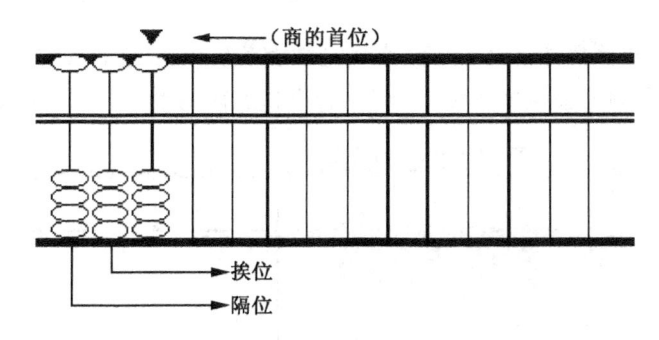

图 5—34

(二)减积规律

估商后,从被减数中减去商与除数的乘积,商与除数乘积的十位数字,从商的右面第一档减去,个位数字从商的右面第二档减去,商与除数第二位数字乘积的十位数字,从商的右面第二档减去,个位数字从商的右面第三档减去,依此类推,直到末位,即"前次减积的个位档,就是下次减积的十位档"。在拨珠的过程中,指不离档,叠位相减,如有余数,要按以上规律进行续除。

(三)定位

可选用本章第一节中介绍的公式定位法、固定个位档定位法和移档定位法中的任一种方法。

【例 5—31】 94 248÷68＝1 386

第一步,自算盘左起第三档置入被除数 94 248,如图 5—35 所示。

图 5-35

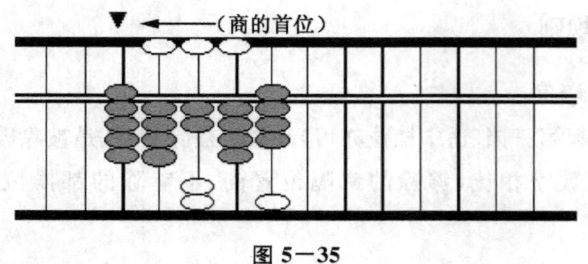

第二步,被除数首位数字 9 比除数首位数字 6 大,按公式定位法,为够除,所以第一轮除得的商要隔位立商,94÷68,需隔位置商 1,如图 5-36 所示。

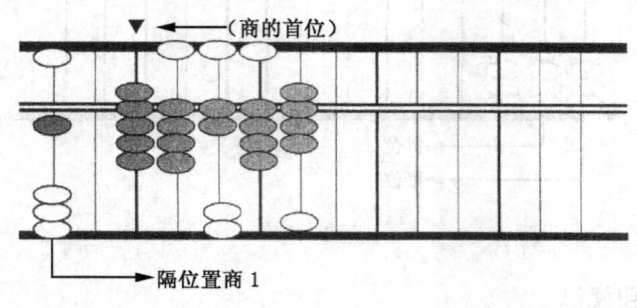

隔位置商 1

图 5-36

第三步,减积 68×1,盘上数值为 26 248,如图 5-37 所示。

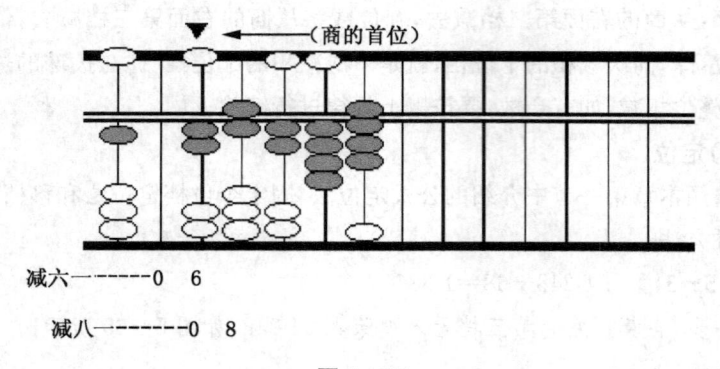

减六———0 6

减八———0 8

图 5-37

第四步,第二轮除 26÷68 不够除,挨位置商 3(估商为 3),如图 5-38 所示。

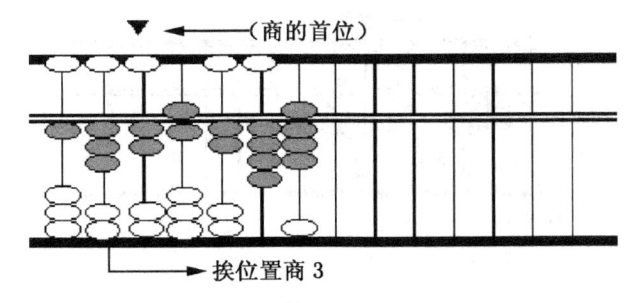

图 5－38

第五步，减积 68×3，盘上数值为 5 848，如图 5－39 所示。

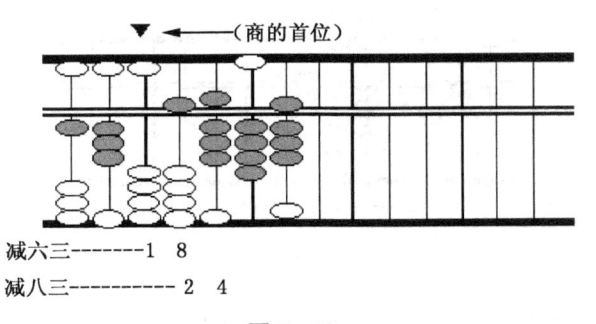

减六三--------1 8
减八三----------2 4

图 5－39

第六步，第三轮除 58÷68 不够除，挨位置商 8（估商为 8），如图 5－40 所示。

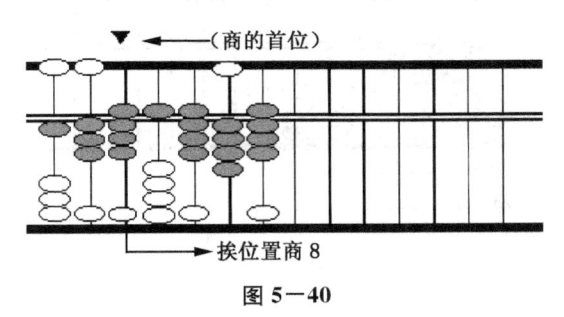

图 5－40

第七步，减积 68×8，盘上数值为 408，如图 5－41 所示。

减六八 ---------- 4 8
减八八 ---------- 6 4

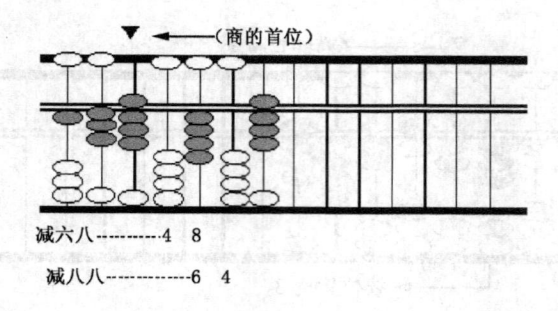

图 5－41

第八步,第四轮除 40÷68 不够除,挨位置商 6(估商为 6),如图 5－42 所示。

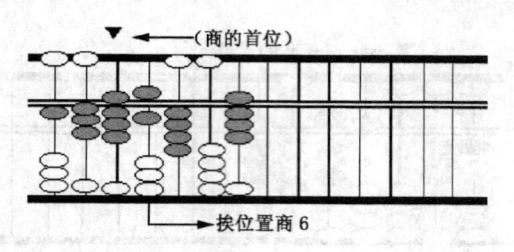

挨位置商 6

图 5－42

第八步,减积 68×6,盘上数值为 1 386,如图 5－43 所示。

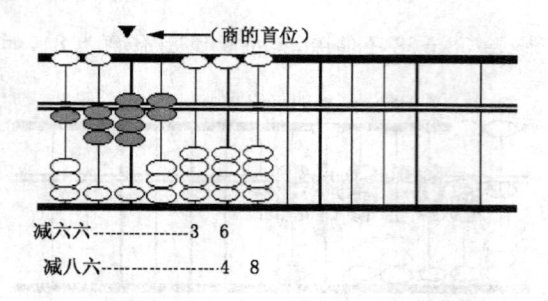

减六六 ---------- 3 6
减八六 ---------- 4 8

图 5－43

第九步,定位 5－2＋1＝4,其商为 1 386。

三、补商

(一)概念

补商是在口诀估商后,当乘减完商与除数的乘积后,余数仍大于或等于除数,说明初商偏小,应进行二次置商的方法。

(二)运算规则

补商的具体方法是:在原商数加"1",并在商数的隔一档减去除数。若补商后仍偏小,可再进行一次上述运算,直至该档次的余数小于除数,因此得出补商的规则是"商数加1,隔位减除数"。

【例5－32】 73 358÷853＝186

运算过程及步骤如表5－4所示:

表5－4　　　　　　　　　例题运算过程

盘面数 盘式档次 方法说明	一	二	三	四	五	六	七
(1)自算盘左起第三档置入被除数			7	3	3	5	8
(2)第一轮除733÷853							
挨位置商8		+⑧					
减积8×8		－	6	4			
减积5×8		－		4	0		
减积3×8		－			2	4	
盘面数值		⑧		5	1	1	8
(3)第二轮除511÷853							
挨位置商5			+⑤				
减积8×5		－		4	0		
减积5×5		－			2	5	
减积3×5		－				1	5
盘面数值		⑧	⑤		8	5	3
(4)第三轮除853÷853							
隔位补商1			+①				
减积8×1				0	8		
减积5×1					0	5	
减积3×1						0	3
盘面数值		⑧	⑥				
(5)定位 5－3＝2(位)				86			

四、退商

(一)概念

初商过大,被除数减初商与除数的乘积不够减,此时即为退商。

(二)运算规则

退商的方法为:从初商中减去1,并在余数中加上已被减过的那一部分除数,然后,将乘积从被除数中减去。

【例5-33】 116 358÷246=473

运算过程及步骤如表5-5所示:

表5-5　　　　　　　　　例题运算过程

盘面数 方法说明	盘式档次 一	二	三	四	五	六	七	八
(1)自算盘左起第三档置入被除数			1	1	6	3	5	8
(2)第一轮除 116÷246 挨位置商5 减积2×5 减积4×5 不够减,退商1, 加积2×1 继续减积4×4 继续减积6×4 盘面数值	0	+⑤ — — -① — — — ④	1 0 0	0 +2 -1 1	6 2 7	3 4 9	5	8
(3)第二轮除 179÷246 挨位置商7 减积2×7 减积4×7 减积6×7 盘面数值		+⑦ — — — ⑦	1	4 2	8 4 7	2 3	8	
(4)第三轮除 738÷246 隔位商3 减积2×3 减积4×3 减积6×3 盘面数值		— — — ④	+③ ⑦	③	0	6 1	2 1	8
(5)定位 6-3=3(位)	473							

通过计算不难看出,商除法的难点是心算求商。在心算试商时,最好看准。如果看不准,则宁小勿大。偏小了可以补商,偏大了如中途发现,就要中途退商,容易出现差错。

业务题

一、基本技能训练

(一)计算下列各题(小数精确到 0.01)

7 500×8 300=	259×128=	6 245×817=
375×167=	462×1 428=	982×302=
4 872×1 005=	31×40 008=	467×8 009=
69×20 307=	9 802×32=	1 053×458=
408 072×15=	60 902×237=	5 006×87=
26.2×30.45=	8.069×6.87=	8.95×56.24=
0.036×5.08=	0.408×6.58=	

(二)计算下列各题(小数精确到 0.01)

342 161÷593=	512 560÷688=	404 736÷816=
116 358÷246=	416 852÷529=	564 438÷906=
57 096÷732=	5 891÷43=	68 155÷317=
391 864÷671=	30.803 3÷4.51=	3 169.44÷56.8=
1.137 4÷0.267=	0.415÷0.083 9=	15.475 5÷2.58=
3.607 7÷0.825=	1.448÷1.56=	1.316 6÷0.641=
27.924 1÷4.72=	0.238÷0.973=	

(三)趣味练习

1. 一条龙

在算盘上拨 123 456 789 作被乘数,分别用 18、27、36、45、54、63、72、81 去乘,结果依次是 2 222 222 202 到 9 999 999 909。

2. 金香炉

555 555×957=531 666 135

3. 空香炉

555×957＝531 135

4. 亿众一条心
781 250×128＝100 000 000

5. 凤凰左展翅
7 715 625×16＝123 450 000

6. 凤凰右展翅
33 950 625×16＝543 210 000

7. 凤凰双展翅
493 817 284×25＝12 345 432 100

8. 双蝴蝶
102 568 102 568×125＝12 821 012 821 000

9. 单蝴蝶
102 568×125＝12 821 000

10. 三星共照
242 424×25＝6 060 600

11. 倒山图
1 308 875×24＝31 413 000

12. 五老同春
3 636 363 636×125＝454 545 454 500

13. 鸿雁出群
999×999＝998 001

14. 八仙过海
11 883 541 295 306×85＝1 010 101 010 101 010

15. 八仙同行
11 883 541 295 306×17＝202 020 202 020 202

16. 八仙朝天
11 883 541 295 306×255＝3 030 303 030 303 030

17. 八仙下界
11 883 541 295 306×34＝404 040 404 040 404

18. 上八仙
11 883 541 295 306×425＝5 050 505 050 505 050

19. 下八仙

11 883 541 295 306×51＝606 060 606 060 606

20. 中八仙

11 883 541 295 306×595＝7 070 707 070 707 070

21. 八仙赴会

11 883 541 295 306×68＝808 080 808 080 808

22. 八仙醉酒

11 883 541 295 306×765＝9 090 909 090 909 090

23. 霸王一条鞭

694 444 444 375×16＝11 111 111 110 000

24. "对称式"乘算练习

下列各题的结果在算盘上的盘式都会出现对称现象(如639 936)。

(1)79 992×8   (2)71 104×9   (3)53 328×12

(4)17 776×36   (5)3 636×176   (6)3 168×202

(7)1 616×396   (8)1 818×352   (9)808×792

(10)1 212×528

25. 一条龙式连乘练习(九龙双珠图)

下列各题的结果都出现6个9。

(1)225×195×148×154

(2)1 332×572×75×175

(3)1 625×675×148×616

(4)1 125×175×888×572

(5)1 144×444×225×875

(6)8 125×675×148×1 232

(7)69 375×65×154×144

(8)325×225×165×148×56

(9)7 992×112×125×275×325

(10)5 328×336×325×275×625

二、应用与思考

1. 信达有限公司2006年8月31日借款利息计算表如下,请你运用所掌握的珠算技能,协助该公司会计完成下表的计算。

借款利息计算表
2006 年 8 月 31 日

借款证号	计息期间	借款余额	借款利率	借款利息	已提利息	合　计
2 538	12 月份	500 000	5％		8 000	

2. 某工厂 2006 年 8 月 31 日，按生产工时比例分配结转制造费用，制造费用分配表如下，请协助填制完成。

制造费用分配表
2006 年 8 月 31 日

分配对象	生产工时(小时)	分配率	分配金额(元)
甲产品	6 000	1.223 8	
乙产品	4 000	1.223 8	
合　计			

3. 某工厂 2011 年 8 月 31 日计提固定资产折旧，固定资产折旧计算表如下，请协助填制完成。

固定资产折旧计算表
2011 年 8 月 31 日

使用单位	固定资产类别	月初应计折旧固定资产原值	月分类折旧率（％）	月折旧额
基本生产车间	通用设备	500 000	1.2	
	电子及其他通信设备	80 000	1.5	
	小　计			
销售门市部	电子及其他通信设备	100 000	1.5	
	交通运输设备	120 000	1.5	
	小　计			
厂部	电子及其他通信设备	40 000	1.5	
	交通运输设备	60 000	1.5	
	小　计			
合　计				

三、达标训练（以下每题均在10分钟内完成）

1.

	乘　算		除　算
一	798×19=	一	1 170÷18=
二	35×906=	二	2 730÷39=
三	26×531=	三	1 520÷40=
四	403×32=	四	1 128÷24=
五	94×807=	五	832÷52=
六	69×25=	六	3 599÷61=
七	82×48=	七	5 670÷70=
八	107×64=	八	1 920÷96=
九	51×75=	九	7 990÷85=
十	12×84=	十	1 679÷73=
限时5分钟		限时5分钟	

2.

	乘　算		除　算
一	287×48=	一	1 274÷91=
二	39×604=	二	570÷19=
三	52×865=	三	3 220÷70=
四	901×37=	四	812÷28=
五	45×103=	五	3 886÷67=
六	64×91=	六	2 916÷36=
七	76×29=	七	3 880÷40=
八	103×72=	八	3 120÷52=
九	82×53=	九	6 059÷83=
十	98×37=	十	2 340÷45=
保留两位小数，以下四舍五入（限时5分钟）		保留两位小数，以下四舍五入（限时5分钟）	

3.

	乘　算		除　算
一	1 437×85=	一	74 422÷254=
二	314×418=	二	801 474÷961=
三	58×7 043=	三	37 343÷349=
四	6 209×96=	四	23.7468÷8.02=
五	28×1 032=	五	29 624÷56=
六	2 956×27=	六	0.360 2÷0.769=
七	59×9 164=	七	49 350÷75=
八	0.407 8×5.87=	八	6 510÷21=
九	7.16×0.632 5=	九	7 344÷108=
十	403×908=	十	22 599÷243=
保留两位小数,以下四舍五入(限时5分钟)		保留两位小数,以下四舍五入(限时5分钟)	

4.

	乘　算		除　算
一	405×213=	一	273 768÷671=
二	924×394=	二	396 256÷406=
三	0.097 5×3.806 7=	三	53 342÷149=
四	53 147×184=	四	453.911 9÷54.6=
五	2 956×947=	五	380.990 3÷4.06=
六	317×5 938=	六	1 044.846÷734.1=
七	194×725=	七	201 096÷392=
八	643×864=	八	220 023÷843=
九	0.710 5×6.01=	九	169 058÷274=
十	80.7×0.420 9=	十	728.838 9÷95.3=
保留两位小数,以下四舍五入(限时5分钟)		保留两位小数,以下四舍五入(限时5分钟)	

5.

	乘　算		除　算
一	836×18 365=	一	256 473÷621=
二	72.94×30.24=	二	5 733.135÷43.9=
三	8.206 3×7.38=	三	380 097÷807=
四	45.71×45.69=	四	8 195.541÷26.5=
五	9 028×203=	五	1 128 278÷193=
六	71.36×94.17=	六	210.236 9÷80.4=
七	5 409×6 542=	七	6 828 486÷7 562=
八	368×6 809=	八	40 952.876÷8 439.1=
九	501×7309=	九	492 804÷507=
十	1 754×472=	十	6 090 296÷8 506=
保留两位小数,以下四舍五入(限时5分钟)		保留两位小数,以下四舍五入(限时5分钟)	

6.

	乘　算		除　算
一	50 639×1 802=	一	2 330.626 6÷5.68=
二	8 217×6 143=	二	4 719 168÷8 193=
三	9.405 6×39.76=	三	41 864.03÷42.5=
四	68.04×2.904 1=	四	7 201 264÷9 104=
五	3 817×7 856=	五	62 853 644÷76 094=
六	2 359×5 302=	六	1 301 456÷6 257=
七	72.96×4.071 6=	七	3.560 5÷0.183=
八	4 782×9 472=	八	0.761 39÷0.024=
九	104.3×0.839 5=	九	19 861 398÷31 082=
十	510.8×58.42=	十	3 076 758÷753=
保留两位小数,以下四舍五入(限时5分钟)		保留两位小数,以下四舍五入(限时5分钟)	

第六章　珠算式心算加减法

📢 内容提示

本章主要介绍了珠算式心算在加减法运算中的应用,应了解珠心算内涵及心算在其中的地位、掌握"算母"概念及将"算母"印在脑中,要认真记忆、多实战演练。

珠算式心算作为脑算的一种,具有普及和应用价值,尤其运用珠算式心算技术运算加减法的技能,已经被越来越多的人所追崇和学习。作为财经工作人员,也应掌握基本的珠算式心算技能。事实上,当我们掌握了珠算这种计算技术之后,珠算式心算就比较容易掌握了。

第一节　珠算式心算概述

一、概念

脑算是一种智力活动,其方式多种多样。只靠直觉得出结果的是概念式心算,照笔算模式在脑子里进行演算的是笔算式心算,应用运算定律、特殊公式进行简捷计算的是速算。这些心算由于记忆负担较重,只能对简单的较小数目或特殊数目进行计算,有一定的局限性。珠算式心算(简称"珠心算")与以上的心算有本质的不同,它是凭借算珠的直观形象,照珠算模式在脑子浮动变换进行计算。它的基础是熟练的珠算技能,经过一定时间和一定程序的"假拨珠"训练,即可逐步形成"脑子里打算盘"。

二、作用

珠心算是当今世界上最好的一种心算方法,在直观的珠像的帮助下,脑子的疲劳度较小,可以记忆较大的数目,可以进行多位数的连续计算。不仅如此,珠心算还有开发儿童智力、培养良好非智力因素的巨大潜能。研究表明,人脑的左半球主管右侧运动、逻辑思维、求异思维以及空间直觉、音乐、舞蹈等活动。日本神经心理学教授八田武志曾对概念式心算和珠心算的两组青年各23人进行实验调查,从脑电图获悉,前者运用的是左半脑,而后者运用的是右半脑。所以学习珠心算可开发儿童右半脑。人脑的潜力很大,而一般人右半脑较左半脑的潜力更大,美国全脑开发学会提倡开发右脑,多用左手发展形象思维和想象力。右脑发达的人更富有创造性。在儿童和青少年脑细胞发育期,经常使用手、眼、口、耳等感觉器官协同活动,有利于脑神经细胞突触的新生,这种新生的突触可能增长到亿万条,从而提高信息的储存能力和传递能力。珠心算能力的培养必须抓住脑细胞发育的最佳期。这种特殊计算能力的发展必然使一般能力如注意力、记忆力、想象力、思维力等也得到发展,计算正确、迅速,使思维的深刻性、敏捷性得到相应提高。实践证明,这些儿童不仅数学成绩好,语文、外语和其他学科成绩也好,人们把这一现象总结为"一科学习,多科受益"。对珠心算的教育、启智功能,国际不少学者也极为赞许。日本京都大学兼美国哈佛大学教授中平祐论证出:"珠心算有效地促使儿童动手、动眼、动耳,锻炼了其形成正确印象的能力,促进了智力的发展。"

第二节 珠算式心算训练过程

掌握珠算式心算加减法技能,要遵循以下几方面步骤,并刻苦加以研习,达到熟练程度。

一、认识算母

将算珠影像印在脑子里是进行珠算式心算的基础,这时的算珠就成为珠算式心算的"算母"。认识算母,必须在算盘上进行,也可通过制作动珠码卡片等辅助手段加深对 26 个动珠码的印象;同时开始训练时要经常"说珠"、"想珠",以便在大脑中记住 26 个动珠码形象,力争当达到一看算盘图像,能立即在脑中储存起来,也能马上说出这个算盘图像所表示的数值。练好这一步是学好珠算式心算的基础。

二、在实盘或无珠算盘上仿拨练习

所谓在无珠算盘上仿拨就是眼看有珠算盘、手指模拟拨珠动作进行计算。有的算盘在反面加装一块底板,画上无珠算盘;有的画一张"无珠算盘"(见图 6—1),在图上进行模拟拨珠训练。通过反复训练,就能够有效地将算母"印"在脑子里。另外,打算盘与脑算训练要交替进行,同步进行,做到良性互动,以逐步脱离算盘,让算珠真正成为心中的算母。

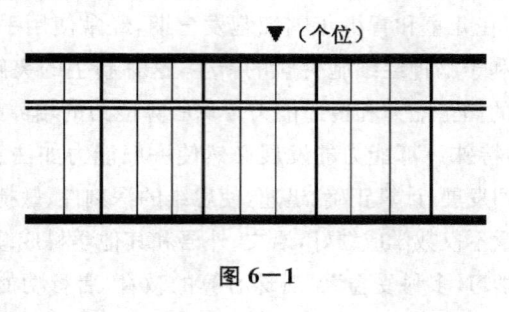

▼(个位)

图 6—1

三、将数"译"珠

将数"译"珠是从珠到数的逆向训练。当达到一听到(或看到)六位以下的数,能把数字迅速"翻译"成算珠,在脑中浮现出"虚珠"的图像来,并能立即在算盘上拨下该数。练好这一步也是学好珠算式心算的基础和重要环节。练习时,先练闭目听数拨空,逐步发展为不闭目听数拨空,再练看数拨空。速度从慢到快,数位从少到多,"虚珠映像"从模糊到清晰。

【例 6—1】 4+7−6=5

运算该题,脑中应呈现这样一组拨珠过程:

第一步,有四个下珠靠梁,如图 6—2 所示。

图 6—2

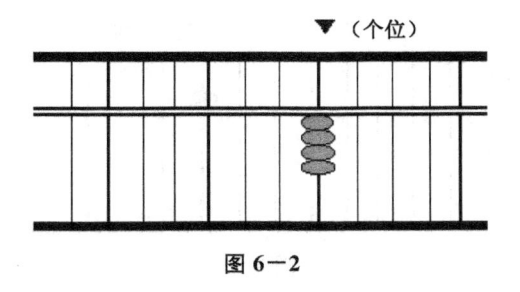

第二步,加 7 后结果为 11,如图 6—3、图 6—4 所示。

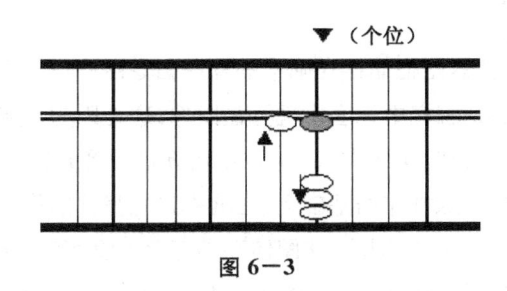

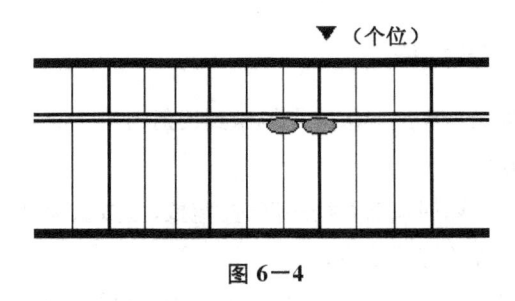

图 6—3

图 6—4

第三步,如图 6—5、图 6—6 所示,运算结果为 5。

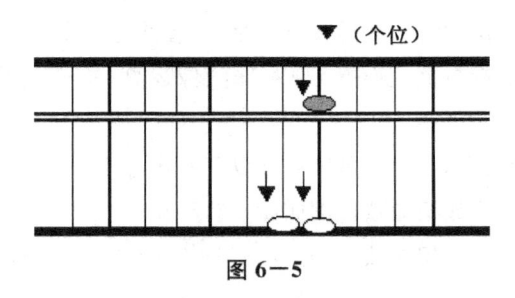

图 6—5

图 6—6

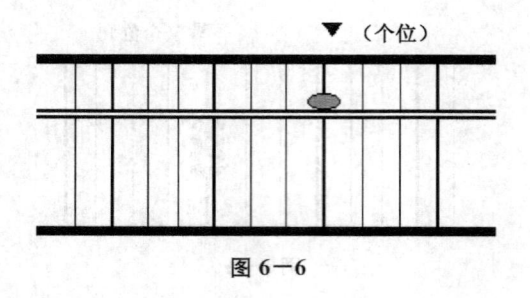

四、静珠到动珠

珠算式心算的关键是把储存在脑中的算珠图像由静珠状态转化为动珠状态。一般人看了盘式之后,脑海中不会出现算盘图像,这是因为对算盘接触得少、印象淡薄的缘故。通过较长时间的训练,就会浮现算盘图像,这要靠频繁的刺激。所以,首先在熟练掌握算盘操作的基础上,在脑中建立静珠图像。然后,通过听数记数、看数记数、数"译"珠拨空训练、珠图储存训练等反复刺激,达到条件反射,自然而然地会出现动珠图像,达到由静珠状态转化为动珠状态的目的。

五、进入加减实战演练

一般来说,珠算式心算加减法应在能做到反射性拨珠时开始引入。先练听数心算,再练看数心算。

听数心算、看数心算训练都要循序渐进,笔数、位数从少到多,速度由慢到快,最后达到数落口出,直呼直写结果。

听数心算训练开始由闭目拨空配合心算到不闭目拨空配合心算,准确率达到一定程度时,再进行闭目静听心算,最后达到报数完毕,答数便脱口而出。

看数心算训练,初学时仍然需拨空配合,随着熟练程度的提高,手要逐渐脱离拨空动作,过渡到眼看数据,脑中浮现算珠图像运算,并马上说出或写出计算结果。

听数心算和看数心算训练,具体可分以下八步进行。

第一步,两个一位数相加减。例如,2+6,7-5。

第二步,三个一位数相加减。例如,2+6+7,9-3-2,7-3+4。

第三步,五个一位数相加减。例如,3+2+8+9+4,9-1+3-4+6。

第四步,三个两位数相加减。例如,36+47+21,89-24-31,76-24+43。

第五步,五个两位数相加减。例如,41+38+95+16+38,35+21-47+86-53。

第六步,三个三位数相加减。例如,196+273+385,476-213+537。

第七步,五个三位数相加减。例如,408+531+379+126+417,964+275+308+291-627。

第八步,三个两位数和七个三位数相加减。例如,674+218+29+412+17+803+615+98+472+531,873+419+268-785+35-406+78+910-69+574。

加减心算练到三位数是一个阶段,三位数加减心算要多练,要达到十分熟练。因为三位数心算加减应用广泛,即使遇到多位数相加减也可按分节号逐节进行计算。

珠算式心算加减是在珠算加减娴熟,"虚盘映像"痕迹清晰,有较强的听数、看数、记数能力的基础上进行的。训练时,切忌不能用算术方法计算。初学时不宜操之过急,速度不要过快。

业务题

一、基本技能训练

(一)在图6-1上完成同数连加连减题

1+1+1+1+1+1+1+1+1+1=10, 10-1-1-1-1-1-1-1-1-1-1=0

2+2+2+2+2+2+2+2+2+2=20, 20-2-2-2-2-2-2-2-2-2-2=0

3+3+3+3+3+3+3+3+3+3=30, 30-3-3-3-3-3-3-3-3-3-3=0

4+4+4+4+4+4+4+4+4+4=40, 40-4-4-4-4-4-4-4-4-4-4=0

5+5+5+5+5+5+5+5+5+5=50, 50-5-5-5-5-5-5-5-5-5-5=0

6+6+6+6+6+6+6+6+6+6=60, 60-6-6-6-6-6-6-6-6-6-

6＝0

7＋7＋7＋7＋7＋7＋7＋7＋7＋7＝70，70－6－6－6－6－6－6－6－6－6－6＝0

8＋8＋8＋8＋8＋8＋8＋8＋8＋8＝80，80－8－8－8－8－8－8－8－8－8－8＝0

9＋9＋9＋9＋9＋9＋9＋9＋9＋9＝90，90－9－9－9－9－9－9－9－9－9－9＝0

(二)在图6－1上完成下列算题

1＋2＋3＋…＋9＋10＝55，55－1－2－3－…－9－10＝0

1＋2＋3＋…＋19＋20＝210，210－1－2－3－…－19－20＝0

1＋2＋3＋…＋35＋36＝666，666－1－2－3－…－35－36＝0

625＋625＋625＋625＋625＋625＋625＋625＋625＋625＝6 250

6 250－625－625－625－625－625－625－625－625－625－625＝0

(三)在图6－1上完成下列算题

1.		9	2.		5	3.		96
	－	3		＋	8		＋	99
				－	2		＋	54
4.		485	5.		578	6.		370
	－	49		－	32		＋	421
				－	56			800
				－	92		＋	624
7.		5 028	8.		48	9.		1 111
	－	97		－	74		－	123
	－	397		＋	34		－	86
10.		4 567	11.		7 890	12.		9 565
	＋	1 990		＋	495		＋	9 654
	＋	2 995		＋	987		＋	9 954
	＋	3 498		＋	98		＋	688
				＋	6 984			

二、应用与思考

1. 某班级有 10 名同学,10 门课程成绩如下,请计算他们各自的总分,并进行排名。另外,要指出哪一门课程总体上成绩最高。

姓名	会计基础	财务会计	银行会计	财务管理	经济法	高等数学	英语	税法	审计	总分	总分排名
张强	89	84	92	62	90	81	70	81	77		
李冰	62	60	74	71	82	84	72	75	75		
赵海	78	64	68	83	85	89	79	91	82		
王军	99	91	96	76	77	90	85	70	90		
李杨	92	81	88	87	91	84	75	95	89		
杨光	81	79	75	80	68	75	88	68	80		
夏天	76	83	72	70	79	82	76	81	74		
苏晓	85	82	80	72	69	91	90	67	84		
赵朋	67	71	68	66	75	74	76	80	68		
韩有	77	66	64	70	62	86	61	73	64		
合计											

2. 小王是某银行储蓄窗口柜员,某日他共办理存款 10 笔,取款 10 笔(详见下表),所里给他核定的备用金为 5 万元。请问:日终小王该办理缴款还是协款(或请款)?具体金额是多少?

存款			取款		
序 号	储 种	金 额	序 号	储 种	金 额
1	活期	1 200	1	定期整整	3 280
2	定期整整	3 000	2	定期整整	6 064
3	定期零整	500	3	活期	3 200
4	活期	4 800	4	活期	4 000
5	活期	5 280	5	活期	6 000
6	活期	900	6	定期整整	7 235
7	活期	1 700	7	定期整整	8 316
8	定期整整	10 000	8	活期	9 000
9	活期	3 200	9	活期	10 000
总 计			总 计		

三、达标训练（下列各题答题时间要根据熟练程度具体确定）

（一）直接加

765＋233＝　　　　352＋541＝　　　　521＋462＝

6 367＋2 522＝　　2 413＋6 556＝　　333＋656＝

125＋324＝　　　　2 877＋7 122＝　　358＋520＝

425＋573＝

（二）凑五加

243＋332＝　　　　422＋234＝　　　　124＋444＝

223＋342＝　　　　3 142＋2 414＝　　3 233＋4 423＝

1 324＋4 342＝　　443＋214＝　　　　42 342＋43 213＝

23 424＋32 143＝

（三）进十加

7 354＋8 759＝　　5 749＋5 876＝　　9 648＋7 987＝

6 438＋9 878＝　　4 796＋7 869＝　　582＋548＝

482＋638＝　　　　568＋547＝　　　　729＋482＝

869＋541＝

（四）破五进十加

6 765＋7 678＝　　5 675＋8 769＝　　6 786＋8 667＝

6 878＋8 676＝　　6 578＋6 766＝　　178＋76＝

357＋67＝　　　　668＋766＝　　　　265＋89＝

375＋68＝

（五）直接减

68－12＝　　　　　12－11＝　　　　　98－46＝

878 764－211 102＝　9 898－5 321＝　　9 898－5 321＝

676－121＝　　　　987－432＝　　　　8 768－3 212＝

9 863－4 212＝

（六）破五减

56－42＝　　　　　87－44＝　　　　　8 867－4 423＝

667－433＝　　　　5 656－1 324＝　　7 687－3 244＝

667－433＝　　　　787－443＝　　　　7 788－3 344＝

8 789－4 344＝

(七)退十减

145−56＝   1 876−988＝   1 127−298＝
2 637−718＝   6 575−786＝   1 876−988＝
1 239−546＝   2 659−447＝   6 575−786＝
16 556−9 661＝

(八)退十补五减

112−67＝   1 443−676＝   8 234−789＝
4 332−2687＝   8 434−968＝   4 123−678＝
9 843−298＝   1 443−698＝   8 434−968＝
4 332−2 687＝

(九)加减混合

1.	4 895	2.	48 955	3.	25 896
−	7 436	＋	14 980	＋	13 999
		−	9 880	＋	54 987

4.	48 595	5.	578 594	6.	370
−	4 980	−	3 248	−	421
		−	5 652	−	7 800
		−	9 092	＋	10 000

7.	5 028.96	8.	4 895	9.	1 111 110
−	97.50	−	7 436	−	123 494
−	397.90	＋	3 454	−	864 955

10.	34 567	11.	67 890	12.	6 789 565
＋	1 990	＋	495	＋	1 239 654
＋	2 995	＋	9 987	＋	549 954
＋	3 498	＋	98	＋	577 688
		＋	6 984		

第七章　数字小键盘操作

内容提示

本章重点介绍了计算机数字小键盘的结构功能,学生应在学习本章后,掌握计算机小键盘的功能和作用,并全面熟悉数字小键盘的击键姿势和击键方法,全面提高录入水平,同时明确了数字小键盘的训练测试内容与测试标准,以利于学生有计划、按步骤进行训练,进而达到测试标准。

数字小键盘操作是各类企事业单位在微机录入过程中经常应用的技能。输入的速度和准确性如何,直接影响工作效率和效果。事实上,只要掌握了基本要领和方法,假以时日进行训练,就能够实现快速和自如的盲打输入,从而达到相关岗位工作要求。

第一节　数字小键盘概述

一、计算机键盘的分区

键盘是计算机最重要的输入设备,通过键盘实现人与计算机的交互,发出各种控制指令。键盘通过一根数据线与主机相连,使用时通过敲击键盘上相应的键位达到录入数据的目的。按照功能,将键盘划分为五个区:打字机键区、编辑键区、数字小键盘区、功能键区、控制键区,如图7-1所示。

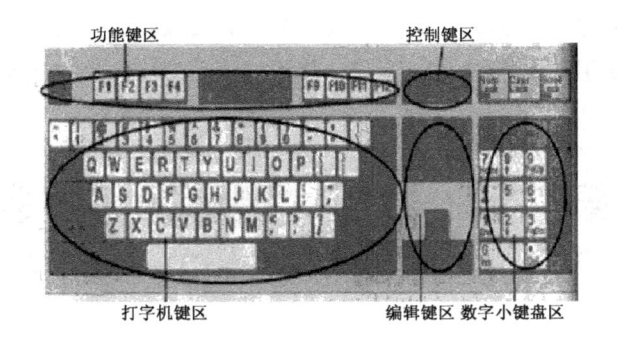

图 7-1

二、认识数字小键盘

计算机小键盘也叫数字小键盘,数字小键盘位于键盘的右下部分,也称小键盘、副键盘或数字/光标移动键盘,主要用于数字、符号的快速录入及财经专业传票录入等,银行职员和财会人员多使用小键盘。

小键盘中共有 17 个键位,如图 7-2 所示,其中包括数字操作键——0、1、2、3、4、5、6、7、8、9 和小数点,数学运算符号键——加(+)、减(-)、乘(*)、除(/)、Enter(回车)键及 NumLock 键(数字锁定键)。而用于屏幕编辑的←、→、↑、↓、Home、End、PgUp、PgDn、Ins、Del 为下档符,下档符用于控制全屏幕编辑时的光标移动,功能与键盘中部的屏幕编辑键和光标移动键相同。

图 7-2

数字小键盘各个键的分布紧凑、合理,适于单手操作,在录入内容为纯数字符号的文本时,使用数字键盘比使用主键盘更为方便,更有利于提高输入速度。

小键盘区左上角的 NumLock 键(数字锁定键)是数字小键盘锁定转换键,用来打开与关闭数字小键盘区。按下该键,键盘上的"NumLock"指示灯亮,此时可使用小键盘上的数字键输入数字；再按一次 NumLock 键，指示灯灭，数字键作为光标移动键使用。因此，数字锁定键也称为"数字/光标移动"转换键。

第二节　数字小键盘操作要领

一、数字小键盘正确操作姿势

初学者必须掌握数字小键盘的正确操作姿势，养成良好的操作习惯，这样，一方面可以降低对身体健康的危害，另一方面也可以提高录入速度。因此，在进行键盘录入之前，有必要强调并要求大家掌握正确的操作姿势。

总的来说，在进行小键盘录入操作时，应注意以下六点：

（一）桌椅要求

应备有专门的电脑桌椅，电脑桌的高度以站起来到达自己的臀部为准，电脑椅最好是可以调节高度的转椅。

（二）坐姿要求

双腿平放于桌下，身体微向前倾，背部与转椅椅面垂直，并贴住靠椅背，身体与数字小键盘的距离为 15～25 厘米。

（三）眼睛

眼睛的高度应略高于显示器 15°，眼睛与显示器距离为 15～35 厘米。

（四）肘和腕

右上臂自然下垂，右肘可以轻贴腋边，指腕不要压键盘边缘，右下臂和右手腕略微向上倾，与小键盘保持相同的斜度，右肘部与台面大致平行。

（五）手指

右手手指保持弯曲，形成勺状放于键盘上，轻轻按在与各手指相关的基本键位上。

（六）注意力

将录入的数据原稿平放于小键盘左侧，注意力集中在原稿上，左手食指指向要输入的数据，右手凭借触觉和指法规则击键，此间禁止偷看小键盘。

二、数字小键盘区指法

数字小键盘区是键盘中除主键盘外使用最为频繁的键区。和计算机主键盘区一样，数字小键盘区同样存在基准键位和原点键，数字小键盘区的基准键位是4、5、6三个键。将右手的食指、中指和无名指依次按顺序放在基准键位上，以确定手在键盘上的位置和击键时相应手指的出发位置。原点键也称盲打定位键，在小键盘基准键区中间位置的"5"键上有一个凸起的短横条（一些键盘上为小圆点），可用右手指触摸相应的横条标记以使右手各手指归位。

掌握了基准键位置，就可以进一步掌握小键盘区其他键位了，小键盘区手指分工如图7—3所示。

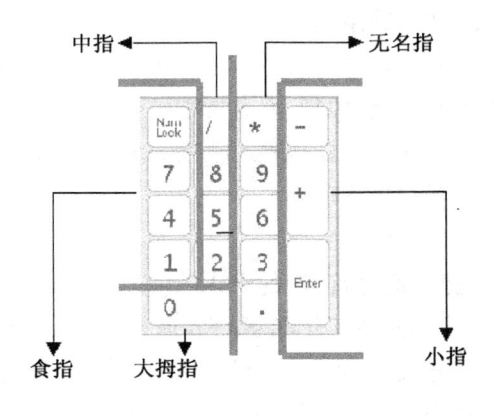

图7—3

其中，右手食指负责击打1、4、7三个键，右手中指负责击打2、5、8、/四个键，右手无名指负责击打·、3、6、9、*键，右手小指负责击打Enter、＋、－键，右手大拇指负责击打0键。通过划分，整个小键盘手指分工明确，击打任何键时，只需把手指从基准键位移到相应的键上，正确输入后再返回基准键即可。

开始击键之前，将右手拇指、食指、中指、无名指、小指分别放置在0、4、5、6、＋键上，同时右手拇指可自然向掌心弯曲，手掌与键面基本平行。

击键时，右手对应的手指从基准键位出发迅速移向目标键，当指尖在目标键上方1厘米左右时，指关节瞬间发力，以第一指关节的指肚前击键，力度适中，每次击打一键，注意不要用指甲击键。击键后，击键的手指立即回归基准键位，恢复击键前的手形。由于数字小键盘各键位之间的距离短、击键数量少，从基准键位到其他键位路径简单易记,因此很容易实现盲打,减少击键错误,提高输入速度。

(一)基准键位和原点键的录入

操作要领:将右手食指、中指、无名指轻放在 4、5、6 键上,屈指用食指、中指、无名指指尖击打基准键。

【例 7—1】 输入 456

(二)数字键 7、8、9 的录入

操作要领:将右手食指、中指、无名指轻放在 4、5、6 键上,以指尖为轴同时向标准键上方屈指移动,用食指、中指、无名指指尖分别点击 7、8、9 键,击打完成后迅速返回到基准键上。

【例 7—2】 输入 789

(三)数字键 0、1、2、3 的录入

操作要领:将右手食指、中指、无名指轻放在 4、5、6 键上,以指尖为轴同时向标准键下方屈指移动,用食指、中指、无名指指尖分别点击 1、2、3 键,大拇指向掌心微屈,用指关节第一节侧方击打 0 键,击打完成后,食指、中指、无名指迅速返回到基准键上,拇指在原键位置不动。

【例 7—3】 输入 1 023

(四)公式(数字键及运算符号)的录入

公式的录入是本章的提高部分,在熟练掌握计算机数字小键盘上各数字键位的基础上,强化运算符号实训,使学生能更熟练地使用小键盘且更全面地掌握小键盘录入技术,全面提升学生对数字小键盘的操控能力。

操作要领:将右手食指、中指、无名指轻放在 4、5、6 键上准备开始,录入完其他键位后,要迅速返回基准键位,再录入下一个公式要素。要求录入速度快且录入准确率高。注意运算结果,按回车键确认。

【例 7—4】 输入 21 312+32 432 432+44 354 353-23 432=

三、数字小键盘输入方法技能训练

(一)传票练习

在学习过程中,录入的数据资料即传票可以采用全国珠算比赛使用的传票进行训练。传票算题型如表 7—1 所示。

表 7-1　　　　　　　　　传票算题型示例

序　号	起止页数	行　数	答　案
一	31～50	（二）	
二	6～25	（四）	
三	45～64	（五）	
四	57～76	（三）	
五	66～85	（一）	

表 7-1 中的"序号"表示第几道题，"起止页数"表示传票从第几页开始算到第几页为止，"行数"表示该题每页均打第几行数字，"答案"表示该题的计算结果。

传票算相关知识可参见第三章第二节"传票算与账表算"。

（二）软件练习

目前常见的练习软件有轻轻松松学五笔、数字小键盘练习、百乐财务金额小键盘打字练习等。

上述两项训练内容应结合进行训练，可先利用软件熟悉小键盘操作，达到见到屏幕上显示输入内容，做到盲打即可准确输入，所花费的时间越少越好；再加强传票准确翻打方法的训练；最后，做到二者的有机结合。

业务题

一、基本技能训练

（一）数字小键盘基准键位和原点键练习

666 665 656 554 654 456 546 456 546

455 544 454 554 545 466 646 664 564

4565 6556 5454 6545 5456 5566 5554

4445 5654 5544 5565 6656 6665 5454

44455 565465 54645 54656 54654 54654

546544 5465466 5465466 5466565 5465464

54654654 56465466 54654656 54545666 54654656

5645646546 4564646546 4546546466 4645646445

4654654646 6454654654 4546545644 4564654564

5646546546546545 55655455464546 546546546456654

4565654565465465 56464564565565 564654654654654

5646444555665456 54654556546546 546554544665654

(二)其他数字键位录入练习

777 888 999 987 789 897 798 879 978

878 778 887 797 899 889 998 989 878

7788 8899 8778 8979 9878 9789 7979 8797

8877 9988 7889 9897 8978 7998 9797 7879

22222 33333 22333 11332 22122 21002 32121

123213213 23132131 321321312 2132132132131

231321321 02131233 021321322 0213213123123

213321021 02123123 213213200 0213213213233

021312321 02112321 212321310 223123123213

213321021 02123123 213213200 0213213213233

021312321 02112321 212321310 2231231232133

213123123 02323332 0211122211 2312312300000

231300000 22220123 2321300201 21321321321321

464566786 54645656 678678768 867868768678

678768675 87858578 78587686 78676876868

67867876 86876876 657876968 6876867886

353455665345435 55543543555

(三)公式录入练习

343＋343＋567＋789＋897＋456－545－454＝

6 783×23×22×789/20/15/10＝

8 987×234×21×12×78 965＝

9 884/2×65×50/40＋789＋4 329 879－98＋909＋21 345＝

654×345×34×45×56×333×23×22×789/20/15/10＋123 463＋853 760＝

56 546＋45 654＋46 456＋234 568＋786－4 354－43 543＋478－43＝

33 890＋4 354－453＋324－2 342－3－332－522－6－4＝

46 456＋234 568＋786＋4 329 879－98＋909＋21 345＝

2×65×50/40×50/40＋789＋4 329 879－98＋909＝

45×34×45×56×333×2 345 654＋46 456＋234 568＝

二、达标训练

(一)传票录入达标训练

1. 测评内容

使用微机小键盘录入传票。

测试时采用限时不限量的办法,即每场 10 分钟。传票算题 20 页为一题,每页只计算一行数字,把这 20 页的同一行数字连加起来,就得出这道题的结果。

2. 出题标准

使用试卷为传票 100 笔。

3. 评分标准

(1)录入时必须按顺序号逐项、逐笔完整录入,每错录、漏录、多录 1 个数字,均按错字计算,错 1 个字扣 5 分。

(2)试卷录入有效字数等于录入字数减去差错扣除的字数。

4. 注意事项

(1)准备时间 3 分钟,可做以下工作:

①开机并启动系统,进入录入状态;

②录入单位和姓名。

(2)测试录入时间为 10 分钟。

(二)传票录入测试题一

题序	起止页数	行次	答数	序起	起止页数	行次	答数
一	31~50	(一)		十六	56~75	(三)	
二	14~33	(四)		十七	27~46	(五)	
三	28~47	(二)		十八	78~97	(二)	
四	68~87	(五)		十九	1~20	(四)	
五	52~71	(三)		廿	69~88	(一)	
六	42~61	(一)		廿一	55~74	(三)	
七	63~82	(四)		廿二	38~57	(五)	
八	16~35	(二)		廿三	29~48	(二)	
九	46~65	(五)		廿四	76~95	(四)	
十	70~89	(三)		廿五	3~22	(一)	
十一	39~58	(一)		廿六	30~49	(三)	
十二	44~63	(四)		廿七	27~46	(五)	
十三	71~90	(二)		廿八	4~23	(二)	
十四	67~86	(五)		廿九	31~50	(四)	
十五	45~64	(三)		三十	43~62	(一)	

(三)传票录入测试题二

题序	起止页数	行次	答数	序起	起止页数	行次	答数
一	26～45	(三)		十六	29～48	(五)	
二	74～93	(一)		十七	7～26	(二)	
三	80～99	(四)		十八	61～80	(一)	
四	48～67	(二)		十九	15～34	(四)	
五	75～94	(五)		廿	8～27	(三)	
六	57～76	(三)		廿一	58～77	(五)	
七	49～68	(一)		廿二	62～81	(二)	
八	76～93	(四)		廿三	9～28	(四)	
九	38～57	(二)		廿四	49～68	(一)	
十	50～69	(五)		廿五	63～82	(三)	
十一	46～65	(三)		廿六	10～29	(五)	
十二	24～43	(一)		廿七	64～83	(四)	
十三	51～70	(四)		廿八	53～72	(二)	
十四	28～47	(二)		廿九	11～30	(一)	
十五	25～44	(五)		三十	37～56	(三)	

(四)传票录入测试题三

题序	起止页数	行次	答数	序起	起止页数	行次	答数
一	52～71	(三)		十六	32～51	(五)	
二	62～81	(四)		十七	45～64	(一)	
三	37～56	(五)		十八	33～52	(三)	
四	6～25	(四)		十九	34～53	(二)	
五	8～27	(三)		廿	46～61	(二)	
六	9～28	(三)		廿一	1～20	(五)	
七	12～31	(五)		廿二	25～44	(三)	
八	11～30	(一)		廿三	31～50	(一)	
九	16～35	(三)		廿四	36～55	(四)	
十	19～38	(四)		廿五	2～21	(五)	
十一	65～84	(五)		廿六	8～27	(三)	
十二	76～95	(二)		廿七	5～24	(五)	
十三	77～96	(三)		廿八	3～22	(四)	
十四	78～97	(四)		廿九	29～48	(一)	
十五	8～27	(一)		三十	27～46	(三)	

第八章　电子计算器的使用

📢 内容提示

本章对一般型计算器的各键功能及操作方法进行了介绍。主要介绍了加、减、乘、除四则运算，以及方根、幂、百分比的运算，这些都是本章的重点，难点在方根、幂、百分比运算的特殊规则和方法，需要在反复的练习中去体会和熟练。总之，要全面、熟练掌握计算器的使用方法，还需要大量练习和领悟。

20 世纪 70 年代，随着微处理器的出现，诞生了电子计算器。电子计算器作为一种先进、专业的计算工具，以其价格低廉、携带方便、计算迅速准确、功能强大，在现代经济工作和人们日常生活中得到了广泛的应用。它的计算处理功能已经远远超过了以往的任何一种计算工具，成为各行业不可或缺的计算工具。计算机、计算器与珠算相比，各有所长。其主要的优点为进行乘、除法计算时快速简捷、无需专业培训或练习，其主要缺点为零要输入、进行大量数据的加减法计算时没有算盘方便快捷。财务用的桌面型电子计算器大约从 20 世纪 80 年代中期开始逐渐普及应用，如今在各种数据计算应用中广为流行。

常见的计算器主要有两大类：一种是一般型计算器，另一种是函数型计算器，二者均属于通用型计算器。一般型计算器，能进行普通的加、减、乘、除、开方和简单的统计运算，也称为算术型计算器；而函数型计算器，除了具有一般型计算器的功能外，还增加了许多函数和统计计算功能，具有初等函数、排列、组合、概率、统计等计算功能，其内部由集成电路构成，但从外部看，大部分的键位、名称类似，功能基本一样。

本章主要介绍一般型计算器及其使用。

第一节　一般型计算器的外部结构及各键功能

一般型计算器外形如图 8－1 所示。主要由如下几个部分组成：

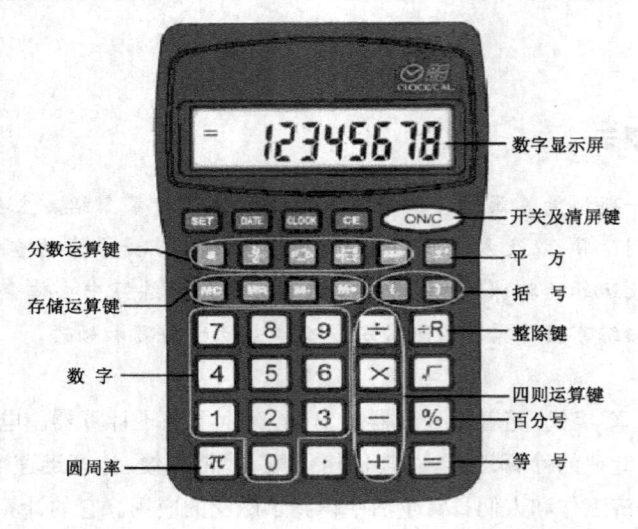

图中标注：数字显示屏、开关及清屏键、平方、括号、整除键、四则运算键、百分号、等号、圆周率、数字、存储运算键、分数运算键

图 8－1

一、电源开关

(1)开启键 ON,其功能是接通电源,按下此键后,显示屏显示出"0",等待操作者使用。

(2)关闭键 OFF,其功能是切断电源,按下此键后,关闭电源,显示屏关闭。目前许多计算器上该键已经没有。

二、显示屏(器)

显示屏在计算器的上方,一般为液晶显示,用于显示录入的数据、计算公式、标记符号和运算结果,它说明计算器当前的工作状态和性质。由于各种功能融为一体,在显示屏上除了显示各种数据和各种运算结果外,还显示有关各种符号所表示的状态记号。

三、输入键

用于输入各种数字符号,它是计算器上主要的键,包括:

(1)数字键"0、1、2…9",用来输入计算时需要的数字,输入顺序是从高位到低位依次输入,每按一键,输入一位。

(2)小数点键".",用来输入小数。

(3)符号键"+/−"键,用来输入数字的符号,使输入的数字改变正负,输入负数时,先输入数字的绝对值,再按符号键即可。

四、运算功能键

运算功能键是进行加、减、乘、除算术四则运算的按键。

(1)加法键"+",进行基本加法和连加的运算。

(2)减法键"−",进行基本减法和连减的运算。

(3)乘法键"×",进行基本乘法和连乘的运算。

(4)除法键"÷",进行基本除法和连除的运算。

注意:加、减、乘、除键在计算时都可能代替等号键。

(5)开平方键"$\sqrt{}$",用来进行开平方的运算。先输入数字,再按下此键,不必按等号键即可得到结果。

五、累计显示键

累计显示键主要包括累加键 M+ 和累减键 M−,其功能是将输入的数或中间计算结果进行累加、累减。即将输入的数字、中间结果存入存储器,然后与存储器中原有的数字相加或从原存储器中减去。

六、等号键"="

在两项数字相加、相减或相乘、相除或其他运算后按此键,可得出计算结果。

七、清除键

(1)总清除键"C、AC、CA",作用是将显示屏显示的数字全部清除。

（2）部分清除键（更正键）"CE、C"，其功能是清除当前输入的数字，而不清除以前输入的数。如刚输入的数字有误，立即按此键，可消去刚才输入的数字，待输入正确的数字后，原运算可继续进行。值得注意的是，在输入数字之后，按＋、－、×、÷键的，再按 C 或 CE 键，数字就不能清除。

（3）累计清除键"MC"，其功能是将累计数清除掉，只清除存储器中的数字，而不清除显示器上的数字。

八、存储读出键

（1）存储读出键 MR，按下此键后，可使存储的数字显示出来或同时参加运算，数字仍存在存储器中。

（2）存储读出和清除键 MRC，按一次显示存储数，第二次按清除存储数。

第二节　一般型计算器的基本操作方法

一、操作前的准备工作

在使用计算器前，首先要清楚使用的计算器的类型。对于不熟悉的计算器，要仔细阅读说明书，掌握其功能、符号及操作方法。应将计算器平稳地放置在桌面上，按键动作要稳、准、轻，不要太猛或者太快，应该一次只按一个键，不要久按一个键不放，以防止计算器按键的损坏和数据的丢失。某些计算器按照法则运算，即可以自己按照数的运算规则进行运算；而另外一些则是按照顺序运算，即按照输入的数据和符号的顺序进行运算，其运算结果与按照法则运算完全不同。目前从市场购买的计算器多数是按顺序运算的计算器。一般型计算器遵循的按键顺序是：先括号内，再乘除，最后加减。对复杂的算式在计算前要进行分析，按照算术运算法则，应考虑将先要得出结果的部分输入，得出结果后再参加下一部分运算；有时也可以依据代数原理去括号后再按键；也可以分段运算。在运算中要充分利用计算器的存储功能进行操作。

二、使用计算器进行四则计算的步骤

(1)先按键输入第一个参与计算的数据,注意一定是从高位按起,例如,489要按 4－8－9 的顺序;

(2)按运算符号键:＋、－、×或÷;

(3)输入第二组参与计算的数据;

(4)按等号键,出现结果;

(5)两步运算的,如果第一步结果可直接参与第二步运算,可以接着按运算符号键进入下一步计算,如果第二步运算不能再接着参与运算,如:324÷(72－54),可先记录第一步的结果,然后重新按以上程序进行计算。

(6)计算完毕,按关机键关闭计算器。

【例 8－1】 用计算器计算 389＋260

输入 3 8 9 ,显示 389.

按键 ＋ ,显示 389.＋

输入 2 6 0 ,显示 260.＋

按键 ＝ ,显示最后结果 649.

练习:

| 750＋1 473＝ | 2 983－627＝ | 32×68＝ |
| 1 548÷43＝ | 49×39＝ | 17 805－3 976＝ |

【例 8－2】 计算 68＋5×25

输入 5 ,显示 5.

按键 × ,显示 5.×

输入 2 5 (利用交换律),25.×

按键 ＋ ,125.＋

输入 6 8 ,68.＋

按键 ＝ ,显示最后结果 193.

练习:

783＋56×21＝   57＋272÷17＝   94＋184×3＝

【例8—3】 计算 3 024÷(167－83)

输入 1 6 7，显示 167.

按键 －，显示 167. －

输入 8 3，显示 83. －

按键 ＝，显示 84.

按键 C·CE

再输入 3 0 2 4，显示 3 024.

按键 ÷，显示 3 024. ÷

输入 8 4，显示 84. ÷

按键 ＝，显示最后结果 36.

练习：

65×(300－175)＝   2 848÷(18＋14)＝   1 596÷(120－163)＝

【例8—4】 计算 6^4

输入 6，显示 6.

按键 ×，显示 6. ×

按键 ＝，显示 36.

按键 ＝，显示 216.

按键 ＝，显示最后结果 1 296.

【例8—5】 计算 89 的算术平方根

输入 8 9，显示 89.

按键 √，显示最后结果 9.43398

【例8—6】 843＋843×11％

输入 8 4 3，显示 843.

按键 ＋，显示 843. ＋

输入 [1] [1], 11. ＋

按键 [%], 显示最后结果 935.73

业务题

一、基本技能训练

687＋309＝	3 802－945＝	1 047－828＝
120 340－48 977＝	508 237－68 769＝	17 535－6 248＝
2 830－1 198＝	85×79＝	357×28＝
994×26＝	3 120÷48＝	9 801÷99＝
4 089÷87＝	1 037－859＋435＝	45×65－1 048＝
5 625÷75－59＝	24×38＋2 045＝	2 781＋67×53＝
3 145÷(62－25)＝	5 406－72×35＝	8 446÷(45＋37)＝
(148＋524)÷24＝	3 108÷42×16＝	591－243＋207＝
52×34＋625＝	3 815÷35－27＝	32×59－1 034＝
8 004÷92＋76＝	8 027－7 570－84＝	

二、应用与思考

1. 某银行收到李飞先生交来过期 16 天的整存整取定期储蓄存单一张，金额 11 000 元，存期 1 年，适用的定期储蓄年利率为 2.25%，活期储蓄年利率为 0.72%，要求支取本息，经审查无误，银行将扣除利息税后的现金交付李飞先生。请通过计算说明银行应扣收多少利息税，李飞先生实际得到多少钱。

2. 某地区 2002 年全年实现 GDP 4 276.38 万元，2006 年全年实现 GDP 6 728.97 万元，请通过计算说明该地区这 4 年年均发展速度、增长率分别为多少。如果该地区所在省份这 4 年年均增长率为 9.5%，试通过计算评价该地区对于全省经济增长的贡献程度。

3. 国内某家电企业年初准备制定下属 5 个地区分公司的全年销售计划，制定计划的方法是在上年完成销售收入的基础上，结合当地 GDP 当年预计增长情况来确定，例如 A 地区分公司上年完成 100 万元，预计当地 GDP 本年将增长 10%，则当年计划定为 110 万元。请通过计算，填写下表。

分公司	上年实际完成销售收入（万元）	预计各地当年GDP增长(%)	本年拟下达的销售收入计划（万元）
A 分公司	468.35	12.37	
B 分公司	292.78	10.38	
C 分公司	1 061.58	9.86	
D 分公司	523.85	8.63	
E 分公司	866.09	7.55	

第九章　点钞基本方法

📢 内容提示

本章主要讲解了人民币的真伪鉴别技术、人民币的挑剔和兑换办法，介绍了单指单张和多指多张的手工点钞方法、点钞机的性能和简单维修方法。其中，单指单张手工点钞法重要性较突出，需要在保证准确性前提下加强练习，促进点钞速度的不断提高。

人们每天都与人民币打交道，用它来购物、偿债、算账、报账、记账等，不过问起如何鉴别真假人民币时，恐怕多数人回答不上，或说不清楚。但是，假币的出现，也使识别假币成为人们工作生活中的一件必不可少的事情。虽然伪造假币在世界上所有国家都被认定为是犯罪，都要按照法律给予造假者以严厉的惩罚，但近几年的统计数据表明，市场上假币呈逐年上升趋势，因此，反假币的斗争不仅是一项长期的任务，也是艰巨的任务。广大人民群众需要增强反假币的观念，提高识别真假货币的能力。作为经济工作者，尤其是在金融及财会部门工作的人员，必须掌握识别真假票币的本领。从人民币的发行进入流通开始，就出现了假币，特别是随着我国改革开放的步伐不断加快，国内一些不法分子和海外黑社会集团相互勾结，共同制造假币，不仅使假币的面额从过去制造5元、10元，发展到目前制造50元、100元等大面额假币。而且在制造手法上，从过去的手工描绘、木版、石版发展到今天的照相印版、机制分次套印、拓印、利用彩色复印机复印等，使假币更加逼真、欺骗性更大。假币的泛滥，既影响着国家及人民生活的安定，又影响着国家的金融秩序，给国家经济造成混乱和损失。为此，国务院于1996年2月15日，批转了国务院反假币工作联席会议《关于进一步加强反假币工作的意见》，要求各级政府和有关部门加强反假币工作的力度,并列入重要议事日程。对伪造假币的犯罪活动要给予严厉打击。

第一节　人民币的真伪鉴别

　　加强人民币的防伪与反假工作事关中国经济的稳定发展和人民群众的切身利益。学习、执行国家有关法律、法规,严厉打击制贩假币的违法犯罪行为,协助做好人民币的管理工作,是每个公民应尽的责任。中国人民银行成立至今共发行人民币五套,这里只对第五套人民币鉴别技术加以说明。第五套人民币是1999年10月1日起发行的,到目前为止,已经发行了100元、50元、20元、10元、5元、1元6种面额的纸币和1元、5角、1角3种面额的硬币。

　　第五套人民币应用了多项成熟的具有国际先进水平的防伪技术,如固定水印、光变油墨印刷图案、全息磁性开窗安全线、隐形面额数字、横竖双号码、双色横号码、阴阳互补对印图案、胶印缩微文字、红蓝彩色纤维、白水印、硬币边部滚字等多项技术。这些防伪技术的采用,大大提高了人民币的机读能力,便于清分机、验钞机清分、识别。

一、第五套人民币纸币的主要防伪特征

(一)固定水印

　　均位于各票面正面左侧空白处,迎光透视,可以看到立体感很强的水印。100元、50元纸币的固定水印为毛泽东头像图案,20元、10元、5元、1元纸币的固定水印分别为荷花、月季花、水仙花和兰花图案。

(二)手工雕刻头像

　　各券别正面主景均为毛泽东头像,采用手工雕刻凹版印刷工艺,形象逼真、传神,凹凸感强,易于识别。

(三)隐形面额文字

　　各券别正面右上方均有一装饰图案,将票面置于与眼睛接近平行的位置,面对光源平面旋转45°或90°角,分别可以看到面额数字"100"、"50"、"20"、"10"、"5"、"1"字样。

(四)胶印缩微文字

纸币各券别正面或背面胶印图案中,多处均印有缩微文字。100元券的缩微文字为"RMB"和"RMB100",50元券的为"50"和"RMB50",20元券的为"RMB20",10元券的为"RMB10",5元券的为"RMB5"和"5",1元券的为"人民币"和"RMB1"。

(五)雕刻凹版印刷

各券别正面主景毛泽东头像、"中国人民银行"行名、面额数字、盲文面额标记和背面主景图案(20元、1元纸币除外)等均采用雕刻凹版印刷,用手指触摸有明显凹凸感。

(六)冠字号码

各券别冠字号码均采用两位冠字,八位号码。100元、50元纸币票面正面均采用横竖双号码印刷,横号码均为黑色,竖号码分别为蓝色和红色。20元、10元、5元、1元票面正面均采用双色横号码印刷,左侧部分均为红色,右侧部分均为黑色。

以上为各券别共有的大众防伪特征。

(七)红、蓝彩色纤维

100元、50元、20元、10元、5元纸币票面上均可以看到纸张中有不规则分布的红色和蓝色纤维。

(八)安全线

100元、50元、20元、10元、5元纸币票面正面中间偏左,均有一条安全线。100元、50元纸币的安全线迎光透视,分别可以看到缩微文字"RMB100"、"RMB50";10元、5元纸币安全线均为开窗式,即安全线局部埋入纸张中,局部裸露在纸面上,开窗部分分别可以看到由缩微字符"￥10"、"￥5"组成的全息图案;20元纸币迎光透视,则是一条明暗相间的安全线。

(九)光变油墨面额数字

100元、50元纸币票面正面左下方分别印有"100"、"50"字样,从票面垂直角度观察分别为绿色和金色,倾斜一定角度则分别变为蓝色和绿色。

(十)阴阳互补对印图案

100元、50元、10元纸币票面正面左下角和背面右下角均有一圆形局部图案,迎光透视,均可以看到正背面图案合并组成一个完整的古钱币图案。

（十一）白水印

10 元、5 元纸币票面正面在双色横号码下方，迎光透视，分别可以看到透光性很强的水印图案"10"和"5"。

二、第五套人民币 1 元硬币的主要防伪特征

第五套人民币 1 元硬币为钢芯镀镍材质。图案整体完整、清晰、饱满，清边均匀。币的外缘为圆柱面，并印有 RMB 斜体字符组。采用了边部滚字技术，边部滚压的文字和图案清晰，边部厚度均匀。

三、识别真假人民币的四种简易方法

（一）眼观

用眼睛仔细地观察票面的外观颜色、固定人像水印、安全线、胶印缩微文字、红色和蓝色文字、隐形面额数字、光变油墨面额数字、阴阳互补印图案、横竖双号码等。人民币的图案颜色协调，图案、人像层次丰富，富有立体感，人物形象表情传神，色调柔和亮丽；票面中的水印立体感强、层次分明、灰度清晰；安全线牢固地与纸粘合在一起，并有特殊的防伪标记；阴阳互补图案完整、准确；各种线条粗细均匀，直线、斜线、波纹线明晰、光洁。

（二）手摸

依靠手指触摸钞票的感觉来分辨人民币的真伪。人民币是采用特种原料，由专用抄造设备抄制的印钞专用纸张印制，其手感光滑、薄厚均匀，坚挺有韧性，且票面上的行名、盲文、国徽和主景图案一般采用凹版印刷工艺，用手轻轻触摸，有凹凸感，与摸普通纸感觉不一样。

（三）耳听

通过抖动使钞票发出声响，根据声音来判别人民币真伪。人民币是专用特制纸张制成的，具有挺括、耐用、不易撕裂等特点，手持钞票用力抖动、手指轻弹或两手一张一弛轻轻对称拉动钞票，均能发出清脆响亮的声音。

（四）检测

检测就是借助一些简单工具和专用仪器进行钞票真伪识别的方法。如借助放大镜来观察票面线条的清晰度，胶、凹印缩微文字等；用紫外灯光照射钞票，观察有色和无色荧光油墨印刷图案，纸张中不规则分布的黄、蓝两色荧光纤维；用磁性仪器检测黑色横号码的磁性。

四、日常生活中假币的处理方法

(一)发现假币应如何处理
(1)误收假币,不应再使用,应上缴当地银行或公安机关;
(2)看到别人大量持有假币,应劝其上缴,或向公安机关报告;
(3)发现有人制造、买卖假币,应掌握证据,向公安机关报告。

(二)银行收缴假币有哪些程序
根据《中华人民共和国人民币管理条例》的规定,应由两名以上工作人员当面予以收缴,在假币上加盖"假币"字样的戳记,登记造册,向持有人出具由中国人民银行统一印制的收缴凭证,并告知持有人可以向中国人民银行或向中国人民银行授权的中国工商银行、中国农业银行、中国银行、中国建设银行四家银行申请鉴定。

(三)哪些单位可以没收、收缴假币
根据《中华人民共和国人民币管理条例》和《中国人民银行假币收缴、鉴定管理办法》的规定,公安机关和中国人民银行有权没收假币,办理货币存取款和外币兑换业务的金融机构可以收缴假币,其他任何单位和个人均无权没收和收缴假币。

(四)哪些金融机构可以鉴定货币真伪
根据《中华人民共和国人民币管理条例》和《中国人民银行假币收缴、鉴定管理办法》的规定,中国人民银行以及由中国人民银行授权的中国工商银行、中国农业银行、中国银行、中国建设银行的业务机构可以进行货币真伪的鉴定。

(五)对银行收缴假币有异议时应该怎么办
根据《中华人民共和国人民币管理条例》和《中国人民银行假币收缴、鉴定管理办法》的规定,持有人可以自收缴之日起3个工作日内,持《假币收缴凭证》直接或通过收缴单位向中国人民银行当地分支机构或中国人民银行授权的当地鉴定机构提出书面鉴定申请。经鉴定是假币的,将向收缴单位和持有人出具《货币真伪鉴定书》和《假币没收收据》。经鉴定是真币,由鉴定单位交收缴单位按照面额兑换完整券退还持有人,并收回《假币收缴凭证》。

五、目前发现的第五套人民币假币的主要特点

(一)伪造固定人像、花卉水印
假人民币伪造水印的方法有两种:一种是在纸张夹层中涂上白色浆料,迎光透视,水印所在位置的纸张明显偏厚。另一种在票面正面、背面或正背面同时使

用无色或淡黄色的油墨印刷类似的图案,该图案无需迎光透视也清晰可见,立体感较差。

(二)伪造安全线

假人民币伪造安全线的方法主要有四种:第一种是在钞票表面,用深色油墨印刷一线条来伪造全埋式安全线。第二种是在纸张夹层中放置金属或聚酯类线状物来伪造全埋式安全线,该安全线与纸张结合较差,极易抽出。线上的缩微文字也比较粗糙。第三种是使用双层纸张,在正面的纸张上,对应开窗位置留出断口,用以伪造全息开窗安全线,这种伪造的安全线与纸张结合较差,线表面无全息图案。第四种是用银色金属油墨间断地印刷在纸张表面,或是采用烫金的方式在纸张表面间断地烫上金属来伪造全息开窗安全线。该种安全线也无全息图案。

(三)伪造雕刻凹版印刷图案

假人民币的正背面主景图案大多是由细点或实线条组成,图案颜色不正、缺乏层次、明暗过渡不自然。特别是人像图案目光无神,发丝线条模糊,无凹凸感。但是,目前也发现有一部分假币在凹凸图案部位涂抹胶水或压痕来模仿凹印效果。

(四)伪造隐形面额数字

假人民币的隐形面额数字是使用无色油墨印刷成的,图文线条与真币差别较大,即使从票面垂直角度观察也可以看到。

(五)伪造胶、凹印缩微文字

在放大镜下观察,假人民币的缩微文字模糊不清或文字不全。

(六)伪造光变油墨面额数字

假人民币一般使用两种方式伪造光变面额数字:一种是用普通单色油墨平版印刷,无真币特有的颜色变换特征,用手触摸无凹凸感。另一种是使用珠光油墨印刷,其变色特征与真币有明显区别。如新版 100 元假币,使用绿色珠光油墨伪造光变面额数字,虽有一定的光泽,但其线条粗糙,只有绿色珠光效应,无变色效果。

(七)伪造有色、无色荧光图案

在紫外光下观察,假人民币有的没有有色、无色荧光图案,有色的其颜色及亮度与真币有一定的差别。

第二节　人民币兑换与挑剔

银行既负有调剂市场各种票币流通比例的责任,又承担着现金供应任务。人民币在流通过程中,由于多种原因会造成不同程度的损伤,银行在办理日常收款和付款业务时,要把残破、污损的人民币挑剔出来,从而使市场上的流通货币保持完好。

一、概述

单位和个人在经济活动中或日常生活中找零需要兑换人民币时,银行应随时满足客户需求,给予无偿兑换。客户和单位手中的残缺、破旧的人民币不能流通时,银行可以根据兑换规定进行全额或部分兑换;同时,银行需要按规定的人民币新旧程度进行挑剔工作,最终将挑剔出来的损、伤、残、破、旧人民币上缴当地中国人民银行。

二、残币兑换

票币兑换可分为主币、辅币、损伤币、残缺币的兑换。

(一)主、辅币的兑换

凡来银行兑换主、辅币的客户,应按现金整点要求将现金整理好,并填写"现金兑换单",填清券别、张数、金额以及兑换的券别、张数、金额,到银行指定兑换窗口进行兑换。将现金兑换单与应兑换的现金一同交给经办员,银行兑换专柜经办员经核对无误后按照兑换单填写的券别配款。兑换单位经办员接到已兑换好的款项时,应在柜台前当面点清,核对无误后方可离开。

(二)损伤币、残缺币的兑换

人民币在市场上流通周转有不同程度的损伤,有的破裂,有的缺角,有的被污染,有的因被油浸变色、虫蛀、鼠咬、霉烂、火烧等而形成残缺票币,为了便于单位出纳员掌握残缺票币兑换标准,一般可参照下列标准:

1. 全额兑换标准

(1)票面残缺不超过 1/5,其余部分的图案、文字能照原样连接者。

(2)票面污损、熏焦、水湿、油浸、变色,但能辨别真假,票面完整或残缺不超过1/5,票面其余部分图案、文字能照样连接者。

2. 半额兑换标准

票面残缺1/5以上至1/2的,其余部分的图案、文字能照样连接者。应持币按照原面额的半数向银行兑换,但不得在市场上流通使用。

3. 不予兑换标准

凡残缺人民币属于下列情况之一者不予兑换:

(1)票面残缺1/2以上者;

(2)票面污损、熏焦、水湿、油浸、变色,不能辨别真假者;

(3)故意挖补涂改、剪贴、拼凑、揭去一面者。

4. 特殊损残币兑换

因特殊原因造成人民币的严重损伤,必须到当地专业银行办理兑换手续。

三、挑剔

伴随我国经济的快速发展,商品流通量与日俱增。市场上流通的货币量也随之增加,折损货币、毁坏货币以及混放货币现象时有发生,因而,中国人民银行要求,必须对货币进行整理清点,在整理清点的同时,进行挑剔和真伪鉴别,使之数目清楚、整齐美观,以便保证货币的正常运转。

(一)损伤券挑剔原则

市场上流通的人民币,有一部分是因长期流通磨损破旧的损伤券,在整点票币时应随时挑剔。在挑剔损伤票币时,既要考虑群众使用方便和市场票币的整洁,又要贯彻节约的原则。

(二)损伤票币挑剔标准

在挑剔残、损、伤票币时可以参照以下几条具体标准:

(1)票面缺少一块,并已损及行名、花边、字头、号码、国徽之一者;

(2)裂口超过纸幅的1/3或票面裂口已损及花边图案者;

(3)纸质较旧,四周或中间有裂缝或票面断开又粘补者;

(4)票面由于油浸、墨渍造成脏污的面积较大或涂写字迹过多,妨碍票面整洁者;

(5)硬币破缺、穿孔、变形或磨损,氧化腐蚀损坏部分花纹者;

(6)变色严重影响图案清晰者。

第三节　手工点钞法

点钞又称票币整点,它是指按照一定的方法查数票币的数额。点钞技术是出纳人员的基本功,是财会、金融和商品经营等专业应该掌握的一项专业技术,也是必须具备的基本技能。提高点钞技术、改进点钞方法,对于保护国家货币和消费者的利益、提高工作效率、加速现金周转使用、调剂货币流通、促进国民经济发展具有重要意义。

一、手工点钞的基本要求

(一)点钞的基本方法

点钞包括整点纸币和整点硬币。点钞方法在广大业务人员积累丰富实践经验的基础上,不断地得到改进和提高。目前点钞方法种类繁多,大致有二十多种。概括而言,按是否自动化可分为手工点钞和机器点钞两大类。对于手工点钞,根据持票姿势不同,又可划分为手持式点钞和手按式点钞两种。手按式点钞方法,是将钞票放在台面上操作;手持式点钞方法是在手按式点钞方法的基础上发展而来的,其速度远比手按式点钞方法快,因此,手持式点钞方法在全国各地应用比较普遍。

手持式点钞方法,根据指法不同又可分为单指单张、单指多张、多指多张等方法。

手工整点硬币的方法,也是一种手工点钞法。在没有工具之前,硬币全部用手工整点,这是整点硬币的一种基本方法,它不受客观条件的限制,只要熟练掌握,在工作中与工具整点速度相差不大。

点钞技术的好坏,直接影响工作效率和质量,因此,必须十分重视点钞这一基本技能的训练。人民币的收、付和整点工作者,必须掌握一套过硬的点钞本领。

(二)点钞的基本程序

1. 票币整点的有关规定

票币整点是指经济工作者在办理现金收付过程中应随时挑出损伤票币,将面额大小不一、券别种类不同的票面,按挑剔残币的有关规定进行挑拣和分类整理。

2. 票币整点的程序

票币整点的方法是指对经过整理后的票币依据一定的方法,按照标准进行点数。点数后,纸币按券别平铺、捆扎、盖章。具体程序如下:

(1)拆把。把待点的成把钞票的封条拆掉,同时做好点数的准备。

(2)点数。手中点钞,脑中计数,点准100张钞票。

(3)扎把。把点准的100张(或不足一百张)的钞票墩齐,并用腰条扎紧,不足百张在腰条上写出实点数金额。

(4)盖章。在扎好的腰条上加盖经办人名章,以明确责任。

(三)点钞的基本要求

在人民币的收付和整点中,要把混乱不齐、折损不一的钞票进行整理,使之整齐美观。整理的具体要求是:平铺整齐,边角无折;同类券放在一起,不能混放;券面同向,不能颠倒;验查真伪,去伪存真;剔除残币,完残分放;百张一把,十把一捆;扎把捆捆,经办盖章;整点结账,复核入库。为了准、快、好地达到要求,应做到以下几点:

1. 坐姿端正

点钞的坐姿会直接影响点钞技术的发挥和提高。正确的坐姿是挺胸抬头,全身自然,肌肉放松,双手自然放在桌子上,持票的左手腕部接触桌面,右手腕部稍抬起,整点货币轻松持久、活动自如。

2. 各种辅助工具的放置要适当

各种辅助工具的放置要适当是指点钞时使用的算盘、印泥、图章、海绵盒、点钞机、腰条及笔等要按使用顺序固定位置放好,以便点钞时使用顺手,摆放位置以方便实用为原则。如将未整点的款项放在左侧,海绵盒放在中间,腰条放在右侧上部,整点完的款项放在右侧,呈半圆型放置好,这样做,摆放紧凑、方位得当、距离适宜、便于操作。另外,机器点钞还要注意款项、用品要固定,各个环节要紧凑,两手动作要协调,做到操作过程连贯统一、干净利索。

3. 钞票一定要墩齐

钞票整点结束后,一定要把钞票在操作台面上墩齐后才能进行捆扎。要求钞票四条边水平齐整,不能露头或呈梯形错开,卷角应打开,褶皱拉平。

4. 点数一定要准确

点钞技术的关键是一个"准"字,整点和计数的准确是点钞的基本要求。点数不准不仅影响日常工作的质量,而且会产生差错、造成损失。怎样才能做到点数准确呢？就是要在点数前做好思想准备、款项准备和工具准备。在点数时一是精神要集中；二是坚持定型操作，坚持复核；三是双手点钞，眼睛看钞，脑子计数，手、眼、脑有机结合，才能达到准的效果。

5. 钞票捆扎

捆扎现金要每百张为一把，用腰条在钞票中间扎好，不足百张的则将腰条捆扎在一端的1/3处，并将张数、金额写在腰条的正面。钞票捆扎应松紧适度。扎小把应以第一张钞票轻轻向斜上方提，以不能被抽出为标准。扎大捆应以"♯"字形捆扎，能够做到以用力推不变型、抽不出票子为标准。

6. 盖章清晰

盖章是点钞的最后一环。腰条上的名章，是分清责任的标志。所以，凡经整点的现金，必须在每个人整点后，在钱把侧面腰条上加盖经办人的图章。每十把钞票用细绳以双十字捆扎为一捆，在顶端加贴封签（通常叫封包启），并加盖捆扎人的名章。图章一定要盖得清晰可辨，以明确责任。

7. 动作连贯

动作连贯是保证点钞质量和提高效率的必要条件。点钞过程的各个环节必须密切配合、环环相扣。整点中，双手动作要协调，整点速度要均匀，即将拆把、整点、墩齐、扎把、盖章等环节紧密配合。如：在单指单张中，点钞是左手取款拆小把，右手指沾水；整点中轻点快弹，右手捻钞票，左手向前送钞；点完墩齐100张钞票的同时，眼睛注视腰条并用右手马上拿取腰条，随即将左手的钞票捆上，扎好小把；在右手放钞票的同时，左手去取另一把钞票等，以此类推，连续完成。再如：在运用多指多张点钞法时，每次捻动的张数要一致，不要忽多忽少，以免记数不准。另外，在整点过程中尽量减少不必要的小动作，沾水次数过多、墩票时间过长等，都会影响动作连贯，以致影响点钞速度。

二、单指点钞法

（一）单指单张点钞法

用一个手指一次点一张的方法叫单指单张点钞法。它是初点、复点和整点各种新、旧、大、小面额的最基本的方法。由于持票面小、点钞频率较高、能看到票面的3/4，容易发现假币及残破票，便于挑剔损伤券；缺点是点一张记一个数，劳动强度较大，比较费时费力。具体操作方法如下：

1. 持钞与拆把

坐姿端正,钞票正面朝向身体,左手小指、无名指在钞票正面,拇指、食指与中指在钞票背面,将钞票左端中间夹在中指和无名指之间,钞票左端尽量靠近手指根部,食指伸直,中指、无名指与小指自然弯曲,左手腕向外转动,同时食指向前伸用力勾断腰条。食指伸向钞票外侧,拇指按在钞票内侧将钞票向上翻推,顺势将钞票捻成向上微开的扇面形,同时,右手拇指、食指、中指沾水作点钞准备。钞票自然直立与桌面基本垂直。

2. 整点

拆把后,左手持钞并形成瓦形,右手食指托住钞票背面右上角,用拇指尖逐张向下捻动钞票右上角,捻动幅度要小,不要抬得过高。要轻捻,食指在钞票背面的右端配合拇指捻动,左手拇指按捏钞票不要过紧,要配合右手,起自然助推的作用。右手的无名指将捻起的钞票向怀里弹,拇指捻动一张(见图9—1),无名指弹拨一张,要注意轻点快弹。中指翘起沾水备用,并轻轻附着钞票背面或缩回离开票面,注意不要妨碍无名指的动作(见图9—2)。左手拇指随着点钞的进度,逐步向后移动,食指向前推移钞票,以便加快钞票下落速度。在捻点过程中,右手拇指沾的水用完发滑,可向中指稍蘸一下即可点完100张。

图9—1   图9—2

3. 记数

与整点同时进行。在点数速度快的情况下,往往由于记数迟缓而影响点钞的效率,因此记数应该采用分组用心记数法,每捻动一张记一个数。记数时要默记,不要念出声,做到脑、眼、手密切配合,既准又快。把10作1记,即1、2、3、4、5、6、7、8、9、1(即10)、1、2、3、4、5、6、7、8、9、2(即20),以此类推。数到1、2、3、4、5、6、7、8、9、10(即100)。采用这种记数法既简单又快捷,将十位数的两个数字变成一个数字,每点百张可节约记忆 80 多个字节,而且记的速度与整点的速度相协调,不容易产生差错。可谓省脑、省力又容易记。

4. 墩齐

点完 100 张后,左手拇指与食指和中指之间捏住钞票,无名指、小指伸向钞票的背面,使钞票正面朝向身体横执在桌面上,左右手松拢墩齐,再将钞票竖起墩齐,使钞票四端整齐,然后左手持票做扎把准备。

5. 扎把

(1)拧扎法(半劲扎法)。左手横执钞票,其拇指按在票前,食指伸直在钞票的上侧,其余三个指头在钞票后面,捏住钞票的左端约占票面的 1/3 处。右手拇指、食指和中指取腰条,捏在腰条的 1/3 处,并将腰条搭在钞票的背面,用左手食指按住,右手拇指和中指捏住腰条长的一端往下向外绕半圈(见图 9-3),将腰条的两端合拢捏紧,然后左手稍用力握住钞票的正面,将钞票捏成正面凸出瓦形,左手腕向外转,右手捏住腰条向里转,然后在双手还原的同时将右手的腰条拧成半劲(90°)(见图 9-4),用食指将腰条头掖在凹面瓦形里,再把钞票摁放平,使腰条压在下面。

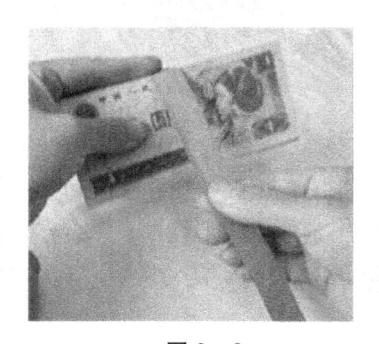

图 9-3　　　　　图 9-4

(2)缠绕捆扎法(缠绕折掖法)。将整点完毕的钞票横放于操作台。左手拇指在内,其他四指在外握住钞票左端,五指配合身体方向用力使钞票向内弯曲,弯度不要过大。右手持腰条一端贴于钞票背面,左手食指、中指将腰条压住。右手拇指在内,中指、食指在外持腰条向内缠绕,绕至下端,食指移到拇指一侧,与中指夹住腰条继续上绕,绕至上端时,右手腕向右侧翻转,使腰条形成折角,以食指插入原腰条下面,用拇指将折角压平防止松脱(见图 9-5 和图 9-6)。或者用左手食指将钞票分开一道缝(见图 9-7),右手将腰条插入缝内(见图 9-8),将腰条由前至后缠绕,绕至上端时,将腰条折角用食指插入原腰条下面。

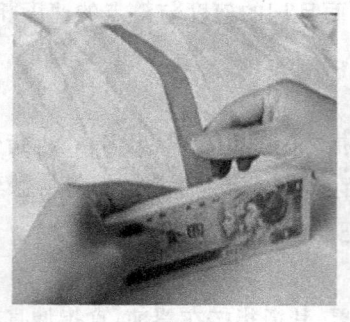

图 9—5 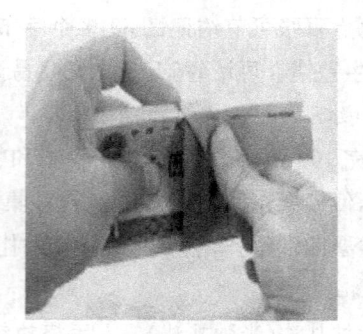　　　　　　　　图 9—6

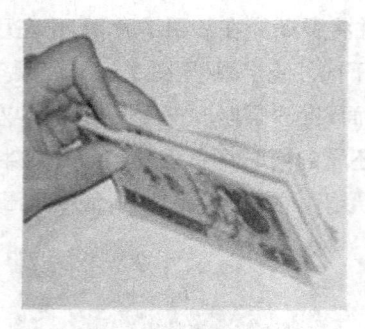

图 9—7 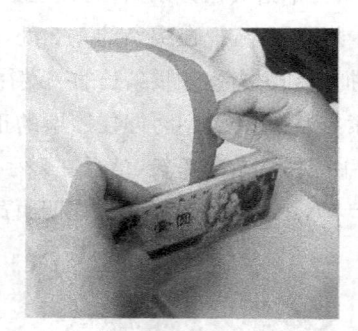　　　　　　　　图 9—8

在整理货币的同时,要进行扎把,每百张一把用腰条捆扎在纸币的中腰;不足百张的,腰条应捆扎在纸币的 1/4 处,并在腰条上注明张数和金额;对于剔拣下来不能流通的残币,每百张扎一把,腰条捆扎在纸币两头的 1/4 处。以下各种点钞方法中的捆扎方法相同,不再重述。

6. 盖章

每点完一把钞票,都要加盖自己的名章,名章应盖在钞票上侧的腰条上,而且要清晰。

7. 残损币的挑剔

在整点时,发现残损和破旧不堪的钞票,要随手向外折叠,使钞票伸出外面一截,待点完后,抽出残损和破旧不堪的钞票,补上完好钞票。

(二)单指多张点钞法

点钞时,一指同时点两张以上的方法叫单指多张点钞法。它适用于收款、付款和各种券别的整点工作。点钞时记数简单省力,效率高。但也有缺点,就是在一指捻几张时,由于不容易看到中间几张的全部票面,因此,假币和残损钞票不易发现。这种点钞法除了记数和整点外,其他均与单指单张点钞法相同。

1. 整点

整点时,习惯用右手点数的,右手食指放在钞票背面右上角,拇指肚放在正面右上角,拇指尖超出票面,用拇指肚先捻钞。单指多张点钞法,拇指肚先捻第一张,指尖捻第二张。单指三张点钞法,拇指肚先捻第一、二张,指尖捻第三张(见图9—9),单指五张点钞法,拇指肚先捻第一至第四张,指尖捻第五张,以此类推。单指多张点钞法,拇指用力要均衡,捻的幅度不要太大,食指、中指在后面配合捻动,拇指捻张,无名指向怀里弹。在右手拇指往下捻动的同时,左手拇指稍抬,使票面拱起,从侧边分层错开,便于看清张数,右手拇指往下拨钞票,左手拇指抬起让钞票下落,同时下按其余钞票,左右两手拇指一起一落协调动作,如此循环,直到点完。习惯用左手点数的,左右手动作正好相反,不再赘述。

图 9—9

2. 记数

采用分组记数法。如点双数,两张为一组记一个数,50 组就是 100 张;点 3 张为 1 组记 1 个数,33 组余 1 张即是 100 张;点 4、5 张以上均以此方法计算。但以 5 张为 1 组记数时,因点数要求两次凑足 10 张,所以,每次无论多于或少于 5 张的,均按 5 张记数,只是在心中掌握下次多点或少点 1 张,以补齐 10 张整数。这样才不会影响点数速度。

三、多指点钞法

(一)四指四张点钞法

点钞时,用小指、无名指、中指和食指依次各捻下 1 张钞票,一次整点 4 张钞票的方法叫四指四张点钞法。这种点钞法适用于收款、付款和整点工作,它不仅省力、省脑,而且效率高,能够逐张识别假币和挑剔残破钞票。

整点前,将捆扎钞票的腰条一律挪在票面的1/4处,横放在票面的左侧。

1. 持钞

用左手持钞,中指在前,食指、无名指、小指在后,将钞票夹紧,中指向外用力,食指、无名指、小指四指同时变曲将钞票轻压成瓦形(见图9－10)。拇指在钞票的右上角外面,将钞票推成小扇面,然后手腕向里转,使钞票的右里角抬起,右手五指同时沾水准备整点(当四指水用尽可向拇指借水)。

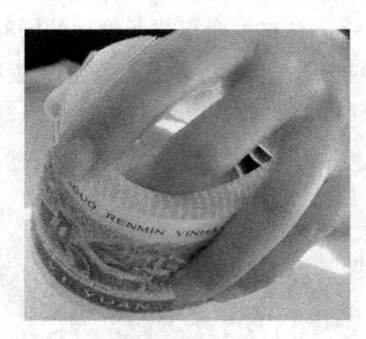

图 9－10

2. 整点

右手腕抬起,拇指贴在钞票的右里角,其余四指同时弯曲并拢,从小指开始每指捻动1张钞票,依次下滑四个手指,每一次下滑动作捻下4张钞票(见图9－11),循环操作,直至点完100张。

图 9－11

3. 记数

采用分组记数法，每次点4张1组，记满25组为100张。

4. 墩齐

与单指单张点钞法相同。

5. 扎把

与单指单张点钞法相同。

6. 盖章

与单指单张点钞法相同。

四指四张点钞方法的关键是右手四指的协调动作，四指要弯曲并拢，要练好依次下滑动作和手指关节的灵活性，尽量减少腕部动作；拨票时，眼光要集中钞票的右上角，这样可看到票面的1/2处，便于挑剔残破钞票及发现双张和拨空张等。

(二)五指五张点钞法

整点时，右手五个手指依次各捻一张，一次整点五张钞票的点钞方法叫五指五张点钞法。其优点是省力、效率高。这种点钞法适用于收款、付款和整点工作。操作时主要靠手指关节活动，动作范围小，可减轻劳动强度。

1. 持钞

拆把后左手持钞，左手小指在前，无名指在后，夹住钞票左端，中指、拇指夹住钞票上端两侧，拇指要高于中指，中指稍用力，使钞票向后弯曲成瓦形，食指稍弯曲顶住钞票背面上端中间（见图9—12）。

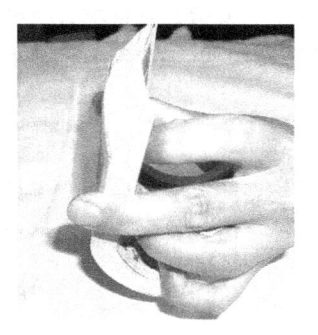

图9—12

2. 整点

整点用右手，先右拇指开始，从左上角向下方拨起第一张，接着用食指、中指、无名指、小指依次从右上角向左下方拨起第二、三、四、五张，完成一次整点然后再用拇指拨钞。反复循环操作,直至点完(见图9—13)。

图 9—13

3. 记数

采用分组点数法,每次点 5 张为 1 组记 1 个数,点 20 组为 100 张。

4. 墩齐

与单指单张方法相同。

5. 扎把

与单指单张方法相同。

6. 盖章

与单指单张点钞法相同。

五指五张点钞法要求右手腕协调,用每个手指侧面捻钞,左手食指要将钞票顶起,便于右手捻钞。另外,左手拇指和食指配合要密切,否则两指捏得过紧钞票不易捻动,捏得过松则造成钞票脱落。右手五指捻钞时,用力要均匀,手、眼要密切配合。

(三)扇面式点钞法

把钞票捻成扇面状进行整点的方法叫扇面式点钞法。这种点钞方法速度快,是手工点钞中效率最高的一种。但它只适合整点新票币,不适于整点新、旧、破混合钞票。

1. 持钞

钞票竖拿,左手拇指在票前下部中间票面约 1/4 处。食指、中指在票后同拇指一起捏住钞票,无名指和小指蜷向手心。右手拇指在左拇指的上端,用虎口从右侧卡住钞票成瓦形,食指、中指、无名指、小指均横在钞票背面(见图9—14),用拇指勾掉钞票上的腰条做开扇准备。

图 9—14

2. 开扇

开扇是扇面式点钞的一个重要环节,扇面要开得均匀,为点数打好基础。开扇方法有两种:一次性开扇和推动式开扇。

(1)一次性开扇。一次性开扇要求左右手动作的配合一定要协调。开扇时以持票的左手为轴,握住轴心,右手虎口卡住钞票右侧,拇指在前,其他四指在钞票后面,再用手腕把钞票压弯,从右侧向左侧稍用力往胸前方向转过向外甩动,这时左手拇指与食指原地不动从右向左捻动,左手捻、右手甩,同时进行。在甩动时,轴心要放松,使扇面一次甩开,开扇要均匀,不重叠(见图9—15)。

图 9—15

(2)推动式开扇。以左手为轴,右手食指将钞票向胸前左下方压,然后再猛向右方闪动,同时右手拇指在票前向左上方推动钞票,食指、中指在票后面用力向右捻动,左手指在钞票原位置逆时针方向画弧捻动,然后食指、中指在票后用力向左上方捻动,右手拇指逐步向下移动,至右下角时即可将钞票推成扇面形。如有不均匀地方,可双手持钞抖动,使其均匀。打扇面时,左右两手一定要配合协调,不要将钞票捏得过紧,如果点数时采取一按10张的方法,扇面要开小些,便于点清。

3. 点数

左手持扇面,左手中指、无名指、小手指托住钞票背面,拇指在钞票右下方1厘米处,右手拇指、食指、中指、无名指和小指一次各按下5张、10张或20张;按下后用其他手指压住,拇指继续向前按第二次,以此类推,同时左手应随右手点数速度向内转动扇面,以迎合右手按动,直到点完100张为止(见图9—16)。

图 9—16

4. 记数

采用分组记数法。一次按5张为1组,记满20组为100张。一次按10张为1组,记满10组为100张。

5. 合扇

整点完毕合扇时,将左手向右倒,右手托住钞票右侧向左靠拢,左右手指向中间一起用力,使钞票竖立在桌面上,两手松拢轻墩,把钞票墩齐,准备扎把。

6. 墩齐

与单指单张方法相同。

7. 扎把

与单指单张方法相同。

8. 盖章

与单指单张方法相同。

扇面点钞要求开扇动作快,拿、捻、抖三个动作一气呵成,达到一次成功,其中关键两手要协调配合好;扇面也不宜开得过大,便于整点。点数时,左手要将扇面持平,并随着右手点数的速度腕部稍向右转。同时,右手和肘部也要随着点数的速度自然向左移动,使双手始终保持适当距离,眼睛要看清张数。

习惯右手持币的,整个操作程序相反。

(四)混合点钞法

这种点钞方法是将不同票面的钞票经过分类,按票面额大小顺序放在一起,一边点数,一边心算,点完张数,也加计出金额。

第四节 机器点钞法

机器点钞就是用点钞机代替手工劳动,速度是手工点钞的2～3倍。使用点钞机点钞,既能提高工作效率,又减轻了出纳人员的劳动强度。机器点钞适用于复点大批款项。目前各单位和部门使用的点钞机型号很多,但其原理大同小异。使用点钞机前,应仔细阅读使用说明书,以便更好掌握点钞机的性能,充分发挥点钞作用。

本节以广州产康艺牌HT－2200全自动鉴伪点钞机(见图9－17和图9－18)为例,介绍机器点钞的有关内容。

图9－17　　　　　　　图9－18

一、准备工作

(1)点钞机放在操作人员的正面,把电源线插头插在电源上。如选购了外接显示器,将外接显示器插到点钞机背后的外接显示器接口端。打开电源开关,计数器显示为"0",使机器处在正常操作状态。为确保人身安全,电源插座应有安全接地线。

(2)待点的钞票整齐排放在点钞机的右侧,腰条和印章按固定位置放好,保证点钞过程的连续性。

(3)根据点钞的不同需要,选择功能键。

二、整点

(一)持把

右手握住钞票,将同一面额的一叠纸币捻成一定的斜度,并稍用力使钞票形成微梯形,同时食指勾断腰条,将钞票平放在喂钞台上。

(二)整点

拆把后,把钞票均匀扇开,平放在滑钞板上,点钞机开始自动传送计数、识别、整理。待喂钞台上的钞票全部输送完毕,机器自动停止点数,此时计数器显示窗上显示的数字就是该叠钞票的数量。取出接钞台上的钞票,点钞机显示窗上的数字将自动清零,准备重新计数。

(三)复点

在非预置整点及累加整点状态下,当启动点钞机运转时,上次整点数据自动将计数显示窗移到预置显示窗;本次整点结束后,将两显示窗数据进行比较即可达到复点目的。

(四)累计显示

当需要累计显示时,应按一下面板的"累加"键,指示灯亮,机器就在计数显示窗原显示数目基础上进行计数。点钞完毕后,计数显示窗显示的数目就是多次点算纸币的数量之和。累计显示达"999+1"时,计数显示窗自动恢复到"0"。

(五)预置数点钞方式

当需要定量点钞时,按一下"批量"键,指示灯亮,预置显示"100"机器会自动进入预置点钞方式;预置数为100,每按一次"批量"键,会循环依次显示为100、50、20、10、5、空白;按"+1"键,预置显示"|",如果按住"+1"键,预置数便自动加1,在"1~999"范围内选定预定数。把纸币放入喂钞台,机器将自动整点,当接钞台上的纸币和预置相同时,自动停机。如果重复定量整点,只要取出接钞台上的纸币,机器会重复上述过程。

在不用预置功能时,应按一下"清除"键,使预置显示窗不显示及预置指示灯关闭,否则机器始终处于预置状态。

(六)墩齐、扎把、盖章

方法与手工点钞相同,这里不再赘述。

三、点钞机的使用

这里以 HT－2200 全自动电脑鉴伪点钞机为例介绍点钞机的性能、使用方法及一般常见故障和排除。

(一)点钞机的使用常识

HT－2200 全自动鉴伪点钞机既可点钞计数,又具有四种鉴伪功能,用户可按点钞的要求选择功能和调整鉴伪灵敏度。其特点有:采用荧光鉴伪、磁性鉴伪(例如,整点 20 元以上人民币,为了准确鉴伪,打开电源后同时选择紫光和磁性鉴伪功能。整点 10 元以下钞票,不能打开磁性鉴伪功能,否则会造成误报停机,因 10 元以下钞票不含磁性油墨)、光谱鉴伪、红外鉴伪四重鉴伪技术;特设识读新版安全线,不仅能识别有荧光反应的假币,对无荧光反应的大额假币亦能准确鉴别;自动分检假币;对连张、半张等异常纸币报警提示;全面兼容新旧版人民币等;控制部分采用先进的电脑单片机,减少不必要的开关,使其更易操作,更智能化;采用宽口机型,适应整点大面额钞票;鉴伪准确率高。

(二)使用方法及维护

(1)开箱时,先把随机配件拿出,然后将机器安放在平稳的桌面上,检查机器外观有无变形、损坏,各部件结合是否牢靠,螺钉是否固紧。

(2)如果机器各部件完好无损,将电源插到 220V 的电源插座上,电源插座应有安全接地线。

(3)打开电源开关,计数显示屏显示"0",电机旋转 3 秒钟,表示电源接通、机器正常。

(4)为避免错检,点钞前应将下列纸币剔除:用白纸补了疤的纸币,经过洗涤的纸币,污渍严重的纸币,破损、裂口的纸币。

(5)快速点钞。只需整点张数且不需鉴伪时,只开启电源开关,其他开关部位置于"关"的位置。然后将同面额的一叠纸币捻成一定斜度,平放在滑钞板上,机器即自动完成点钞工作。待滑钞板上的钞票全部输送完毕,机器停止计数,此时计数显示屏上显示的数字就是该叠钞票的数量。

(6)根据不同的工作要求进行功能选择和组合,相应的指示灯会显示(见图 9－18)。

①荧光鉴伪。按"荧光"键,指示灯亮表示打开,指示灯灭表示关闭。

②磁性鉴伪。按"磁性"键,指示灯亮表示打开,指示灯灭表示关闭。鉴伪和点钞20元(含)以上新旧版人民币。

③光谱鉴伪。按"光谱"键,指示灯亮表示打开,指示灯灭表示关闭。指示灯亮时机器能自动识别钞票面额,例如,新旧版100元混点、新旧版50元混点及分辨不同面额钞票,如100元加50元等,此功能可点任何面额的钞票。

④红外鉴伪。按"红外"键,指示灯亮表示打开,指示灯灭表示关闭。

(7)点钞时出现计数显示器闪烁,机器提示出现点钞不准,请重新整点。如因操作不熟练导致卡钞,出现紊乱时,应立即关闭电源开关。整点过程中,若机器经常停机,并计数显示器闪烁,可按顺时针方向稍微调节垂直调节螺丝。

(8)只需点钞、不需鉴别真伪时,只开启电源开关,其他开关应置于"关"的位置。然后将面额的一叠纸币捻成一定斜度,平放在滑钞板上,机器即自动完成点钞工作。

(9)不需累计显示,应在点钞完毕后,轻按"清零"按钮。若需累计显示,则不要按"清零"按钮,累计显示达"999+1"时,计数和显示屏自动回复到"0"。需要定量点钞时,应使用预置功能。不用预置功能时,应按一下"预置"键,否则机器始终处理预置状态。

(10)发现假币,机器自动停机报警,此时最后落下的一张钞票即为假币。剔除假币后,按"复位"键,机器重新启动点钞。为避免错检、漏检,应将钞票的正面和背面各整点一遍。

(11)每天第一次使用机器时,用一叠已知数量的含有假币的钞票进行试验,检查机器计数和识伪是否准确。

(12)机器每天用毕,应关掉电源拔下插头,用毛刷清扫机内灰尘,然后用布盖好防尘。

业务题

一、基本技能训练

1. 单指单张单把百张练习

要求:点钞姿势和动作要领要正确,点钞结果必须准确,捆扎结实符合要求,准确计时,了解自身点钞水平进展情况。

2. 单指单张多把练习

要求:同题1。

3. 扇面式点钞单把练习

要求:同题1。

4. 扇面式点钞多把练习

要求:同题1。

5. 手持式多指多张点钞单把练习

要求:同题1。

6. 手持式多指多张点钞多把练习

要求:同题1。

7. 机器点钞练习

要求:点钞姿势和动作要领要正确,科学地利用点钞机器的点钞速度,拆把及时,合理放置,准确验数,捆扎结实、符合要求,做到人机合一。

二、达标训练

中国工商银行总行根据银行实际确定行级技术标准,要求单指单张时数15 000张,多指多张时数24 000张,扇面时数26 000张,散把时数14 000张,工具整点硬币时数60 000枚。上述标准对于高等职业学校的学生来说,虽然有些偏高,但并不是高不可攀。应把这个标准作为我们努力奋斗的目标。

点钞技能量化标准参考

点钞方法	等级	3分钟张数	百张所用时间
单指单张	一 二 三	700张以上 600～699张 500～599张	22秒以内 24秒以内 26秒以内
扇面	一 二 三	1 000张以上 900～999张 700～799张	16秒以内 20秒以内 22秒以内
多指多张	一 二 三	1 000张以上 800～999张 700～799张	17秒以内 20秒以内 22秒以内

第十章　简易经济数据的理解与运用

内容提示

本章首先介绍了财经工作者视角里的经济数据的基本内涵及其主要来源，然后从绝对数和相对数两个方面来讨论经济数据的表现形式，最后介绍了企业经济活动分析中常用的对经济数据的分析方法和技术。本章在内容上将统计学专业的基本知识合理运用到经济业务活动的分析中，体现了对知识的活学活用。

数据是关于自然、社会现象和科学试验的定量或定性的记录，是科学研究最重要的基础；研究数据就是对数据进行采集、分类、录入、储存、统计分析、统计检验等一系列活动的统称。事物的发生和发展往往伴随着数据的形成和反馈，数据分析是指用适当的统计方法对收集来的大量第一手资料和第二手资料进行分析，以求最大化地开发数据资料的功能，发挥数据的作用。在实际应用中，数据分析可帮助人们作出判断，以便采取适当行动。例如，一个企业的领导人要通过市场调查，分析所得数据以判定市场动向，从而制定合适的生产及销售计划。因此数据分析有极广泛的应用范围。

对经济数据保持敏感性和善于利用经济数据分析和论证事物，是财经工作者必备的工作能力和要求。当前，网络和信息技术的发展极大地促进了经济数据提取和汇总技术的发展，使数据的分析和利用越来越重要，这项技能越来越普及。

本章立足于培养对简易和常见的经济数据的敏感度和基础性认识，主要介绍经济数据的来源、形式及基本分析利用等。

第一节 经济数据及其来源

一、经济数据及其特征

所谓经济数据,即为衡量和反映一个国家、地区、行业或企业等范围的特定时间的经济活动运行状况的数据及数据的集合。经济数据因为经济活动的运行而产生,经济数据的产生和发布又将影响参与经济活动的各类主体的经济行为。例如,国家宏观管理部门根据经济数据的情况,可以洞察宏观经济运行态势和突出问题,从而为宏观经济调控取向提供决策依据。再如,企业管理层根据企业产品的产、供、销数据来判断形势,进而决定下一步经济发展策略。经济数据产生和发布的渠道具有多样性,但从其形成到最终被使用单位和个人所利用,都必须在国家有关法律法规所限定的范围内和程序下进行。

二、经济数据的来源和发布

经济数据按其反映的经济活动的范畴大小,可大致分为宏观经济数据和微观经济数据。宏观经济数据通常指的是能够反映整个国民经济运行情况的数据;微观经济数据通常又称为企业经营和发展数据,具体反映某一个企业的经济活动状况。

在我国,宏观经济数据的发布有多种渠道和方式,其中影响力较大的有:

(1)国家统计局每月上中旬发布的上月及截至上月底的经济运行主要数据。这些数据主要包括居民消费价格指数(CPI)、工业品出厂价格指数(PPI)、外贸进出口总值、实际利用外资金额(FDI)、城镇固定资产增长幅度、规模以上工业增加值、社会消费品零售总额、全国财政收入、贸易顺差金额、大中城市房价同比增幅等。

【例10—1】 每月关于 CPI 数据,都有很多"版本",以下你认为最可靠的是(   )的数据。

  A. 摩根大通   B. 国家统计局
  C. 北京大学中国经济研究中心 D. 某知名市场调查公司

答案:B

(2)中央银行每月上中旬发布的上月及截至上月底与货币供应有关的主要数据。这些数据主要包括全社会供应总量(包括广义货币供应量 M_2、狭义货币供应量 M_1 和市场货币流通量 M_0)、金融机构人民币各项贷款、金融机构人民币各项存款、银行间市场利率和国家外汇储备等。

(3)国家其他行业主管部门和监管部门发布的数据。如商务部每周重点监测的食用农产品和生产资料价格数据、工业和信息化部每月发布的电子认证服务业有关数据、中国银行业监督管理委员会发布的中国商业银行加权平均资本充足率、保监会发布的保险业经营数据、证监会发布的证券公司运营数据等。

(4)省级及以下地方政府部门、行业协会及各级各类科研院所发布的经济数据。这些数据种类繁多,主要着眼于某个地区、行业或特定研究目的而形成和发布的数据,具体这里就不再列举。

对于企业经营和发展数据,其计量和计算过程需要企业的供应、生产、销售、会计、统计、审计等多个职能部门参与,并集中地通过财务会计报告、审计报告及其他特定形式发布。这些数据主要包括:

(1)反映发展总量和规模方面的数据,如总产值、总销售额、总资产等。

(2)反映发展速度和效益方面的数据,如产值增长率、销售增长率、销售利润率、净资产收益率、每股收益等。

(3)反映市场发展方面的数据,如市场占有率等。

(4)反映企业财务风险方面的数据,如流动比率、资产负债率等。

(5)反映资产营运和管理能力方面的数据,如总资产周转率、流动资产周转率等。

(6)其他方面的经济数据。

在企业中,除定期需要对外披露的数据,其大量形成于日常经济活动中的经济数据属于商业秘密,只在企业内部信息传递渠道内以企业内部报告等形式传递。

第二节　绝对数与相对数

经济数据作为数据在经济领域的应用和反映,在外观上一般有两种存在形式,即绝对数和相对数。无论是绝对数还是相对数,都具有其广泛的分析和利用价值,都需要财经工作者在实际工作中加强研读和把握。

一、绝对数

统计中常用的总量指标就是绝对数。它是反映客观现象总体在一定时间、地点条件下的总规模、总水平的综合指标,如一定总体范围内粮食总产量、工农业总产值、企业单位数等。

总量指标也可以表现为某现象总体在一定时空条件下数量增减变化的绝对数,如某地区2001年比2000年国内生产总值增加100万元,耕地面积减少1千公顷等也属于总量指标。

总量指标的计算方法,一种是根据统计调查登记的资料进行汇总;另一种是根据现象之间的各种关系进行推算,如利用抽样方法推算农产品产量,利用平衡关系法推算商品库存量等。

使用总量指标时要注意了解总量指标的含义、计算范围、计算口径、计算方法和计算单位;应注意区分时期数(即指标数值的大小与时间长度有关的绝对数)所指明的时间范围和时点数(即指标数值的大小与时间长度无关,但与时间间隔有关的绝对数)所指明的时点。

【例10－2】 某注册会计师在对A公司进行会计报表审计过程中,准备根据A公司当年取得的购货发票来计算其全年购货总额。试回答:(1)A公司全年购货总额的含义、计算范围、计算口径、计算方法和计算单位如何?(2)A公司全年购货总额是时期数还是时点数?

答案:(1)A公司全年购货总额即全年从供应商处采购的货款总和。计算范围即年初至年终所采购的全部原材料、辅料。计算口径即考虑审计目标来安排计算范围和内容,此处不将采购的固定资产纳入计算口径。计算方法即对每张购货发票详细审查的基础上,对发生的货款(不含税)逐项累加,直至求出全年购货总额。计算单位可以是元。

(2)A公司全年购货总额是时期数。

二、相对数

一般的相对数,是两个有联系的指标的比值,它可以从数量上反映两个相互联系的现象之间的对比关系。相对数的种类很多,根据其表现形式可分为两类:

一类是有名数,即凡是由两个性质不同而又有联系的绝对数或平均数指标对比计算所得的相对数,一般都是有名数,而且多用复合计量单位。另一类是无名数,无名数可以根据不同的情况分别采用倍数、成数、系数、百分数、千分数等来表示,如人口出生率、死亡率等。

计算相对数的基本公式是:

$$相对数=比较数值(比数)/基础数值(基数)$$

分母是用作对比标准的指标数值,简称基数;分子是用作与基数对比的指标数值,简称比数。相对数通常以系数、倍数、成数、百分数或千分数表示。

由于研究目的和对比基础不同,相对数可以分为以下几种:

(1)结构相对数,将同一总体内的部分数值与全部数值对比求得比重,用以说明事物的性质、结构或质量,如居民食品支出额占消费支出总额的比重、产品合格率等。

(2)比例相对数,将同一总体内不同部分的数值对比,表明总体内各部分的比例关系,如投资与消费比例等。

(3)比较相对数,将同一时期两个性质相同的指标数值对比,说明同类现象在不同空间条件下的数量对比关系,如不同地区商品价格对比,不同行业、不同企业间某项指标对比等。

(4)强度相对数,将两个性质不同但有一定联系的总量指标对比,用以说明现象的强度、密度和普遍程度,如人均国内生产总值用"元/人"表示,人口密度用"人/平方公里"表示、人口出生率用"‰"表示。

虽然有些强度相对指标也有平均的含义,如人均国内生产总值、人均可支配收入,但国内生产总值、可支配收入并不是每个人口的标志值,它不是标志总量与总体单位数对比,而是某一经济指标与人口数这样两个有联系的总量指标的比值,说明经济发展强度、普遍程度(经济实力),所以不要把强度相对数看作是平均数。

(5)计划完成程度相对数,是某一时期实际完成数与计划数对比,用以说明计划完成程度。

(6)动态相对数,将同一现象在不同时期的指标数值对比,用以说明发展方向和变化的速度,如发展速度、增长速度等。

【例 10—3】 请说明以下陈述中所包含的相对数属于那类相对数:

(1)广东 2010 年 GDP 增速达 12.8%。

(2)2010年1～10月份,广西壮族自治区财政收入完成预算的88.3%,超出时间进度5%。

(3)2008年,北京商品房空置率高达16.64%,高居全国榜首。

(4)根据能源消费总量和GDP年度统计结果计算,2009年全国单位GDP能耗为1.077吨标准煤/万元。

答案:(1)中所包含的相对数是动态相对数;(2)中所包含的相对数是计划完成程度相对数;(3)中所包含的相对数是结构相对数;(4)中所包含的相对数是强度相对数。

第三节　数据的分析与利用

经济数据的基本利用在于比较,孤立的一个经济数据不足以阐明问题,但如果将经济数据进行适当加工或将之与可参照的标准进行比较和分析差异,就能为问题求解提供有力的数量依据。利用统计学等学科理论和知识基础,对一系列有联系的经济数据进行系统加工和整理,再绘制成统计表、统计图,则使数据的比较和分析结果更加直观、更具通透性。

一、数据加总

所谓数据加总,就是将同类数据求和,进而得出具有总括性结论的数据的方法。例如,将企业各月营业收入求和,能够得出其全年的营业收入;再如,将全国各省年度GDP求和,能够得出全国当年GDP。简单的数据求和可以利用算盘或计算器,较复杂的可以利用EXCEL电子表格。

二、数据排序

所谓数据排序,就是将具有可比性的数据按照某一标准排列顺序,使我们更容易对数据进行处理和分析的技术。如将企业月内每日营业收入金额从大到小进行排序,就能够找到收入的峰值和底谷的日期。人工排序一般要运用分段排序的方法,也可利用EXCEL电子表格帮助完成数据的排序。

三、求平均数

平均数、中位数和众数都是来刻画数据平均水平的统计量,它们各有特点。中位数刻画了一组数据的中等水平,众数刻画了一组数据中出现次数最多的情况。此处只介绍平均数。平均数是指一组数据中的所有数据之和再除以数据的个数。平均数有很多种类,较常见的有算术平均数、加权平均数、几何平均数等。算术平均数是指在一组数据中所有数据之和再除以数据的个数,它是反映数据集中趋势的一项指标。把 n 个数的总和除以 n,所得的商叫做着 n 个数的平均数。加权平均数是不同比重数据的平均数,加权平均数就是把原始数据按照合理的比例来计算,若 n 个数中,x_1 出现 f_1 次,x_2 出现 f_2 次,…,x_k 出现 f_k 次,那么 $(x_1f_1+x_2f_2+\cdots+x_kf_k)\div(f_1+f_2+\cdots+f_k)$ 叫做 $x_1,x_2,\cdots,x_k$ 的加权平均数。$f_1,f_2,\cdots,f_k$ 是 $x_1,x_2,\cdots,x_k$ 的权。几何平均数即 n 个观察值连乘积的 n 次方根。根据资料的条件不同,几何平均数分为加权和不加权之分。此外,还有调和平均数、平方平均数、指数平均数等。

四、找极端值

所谓找极端值,就是在众多同类数据中找出偏离平均数较大的或超出预先设定的某个标准数据的过程和方法。找极端值通常要事先对数据进行一定的排序。

五、将数据与参考值或标准值进行比较

对数据进行适当整理和加工,然后将其与标准值、计划或预期值等进行比较,能够帮助我们及时发现问题,从而为经济决策提供依据。例如,国家宏观管理部门通过分析国有企业资产负债率水平,并与历史经验数据比较,来判断国有企业负债水平是否合理。

六、对数据进行动态分析

所谓对数据进行动态分析,就是引进时间序列对观察和收集到的数据进行分析,从而有利于得出关于数据发展趋势或方向的结论。如对 2005 年股权分置改革以来上证指数的走势进行动态分析,就会得出股市走势与国民经济持续健康发展趋势基本正相关的事实。

七、其他数据分析技术

有关对数据的加工、分析和利用的方法还有很多,此处不一一介绍。在经济实践中,人们通常将多种数据分析方法结合,例如将分析数据的同比增长水平与环比增长水平结合,将绝对数分析与相对数分析结合,将平均数计算和分析与方差分析结合,将数据总括性分析与因素分析结合等。

业务题

一、基本技能训练

1. 找出 2010 年各月国家外汇储备情况,完成下表的填列。

月份	1月	2月	3月	4月	5月	6月	7月	8月	9月	10月	11月	12月
外汇储备余额（美元）												

2. 在以下横线处填上数字,并体会数据加总的意义和作用。

根据全国 31 个省区市的抽样调查和全面统计,2010 年全国粮食播种面积_____千公顷。其中,夏粮播种面积27 421千公顷,早稻播种面积5 794千公顷,秋粮播种面积76 657千公顷。

3. 对以下数据从小到大进行排列。

2010 年 1 月,我国对外贸易顺差为 141.6 亿美元,2 月贸易顺差为 76.1 亿美元,3 月贸易逆差为 72.4 亿,4 月贸易顺差为 16.8 亿美元,5 月贸易顺差为 195.3 亿美元,6 月贸易顺差为 200.3 亿美元,7 月贸易顺差为 287.3 亿美元,8 月贸易顺差为 200.3 亿美元,9 月贸易顺差为 168.8 亿美元,10 月贸易顺差为 271.5 亿美元,11 月贸易顺差为 228.91 亿美元,12 月贸易顺差为 218.6 美元。

按从小到大顺序排列的结果是:_____。

4. 承上题,试求出我国全年对外贸易顺差的算术平均数。

5. 承上题,试求出我国全年各月对外贸易顺差最大和最小的月份。

6. 根据以下文字求解实际数据与参考数据之间的差异,并注意体会其背后的经济含义。

2008年经济和金融危机对生产企业资金流造成很大影响,三季度末,国内钢铁行业中资金流最好的鞍钢股份,其流动比率(流动比率是企业流动资产与流动负债之比)也只有1.57。一般认为,生产企业合理的流动比率是2。

二、应用与思考

1. 请选定一国内知名企业,到其网站上了解其公开的经营和发展数据,并将其记录在下面的横线上。

我选定的是国内的企业_____,在其网站上了解到下列经济数据_____,在我看来其中最有价值的数据是_____,理由是_____。

2. 2010年11月份,全社会消费品零售总额13 910.9亿元,其中,城镇12 046.4亿元,乡村1 864.5亿元,商品零售12 309.7亿元,餐饮收入1 601.2亿元。11月比上年同月增长18.7%,1~11月比上年累计增长18.4%。

要求:根据上述资料,指出哪些数据是绝对数?哪些是相对数?哪几组数据可以进行汇总?你能否计算出2010年前11个月月均社会消费品零售总额水平?

3. 下表是A公司2009年度资产负债表,试计算其流动比率(流动资产/流动负债)、资产负债(总负债/总资产×100%),并评价其短期及长期偿债能力水平如何?

资产负债表

2010年12月31日　　　　　　　　　　　　　　　　　　　　　　　　　单位:元

资产	年初数	期末数	负债及所有者权益	年初数	期末数
流动资产			流动负债		
货币资金	700 000	165 000	短期借款	227 500	330 000
应收账款	1 090 000	1 362 500	应付账款	400 000	412 500
应收票据			应付票据	19 000	26 000
存货	1 030 000	1 462 500	应付职工薪酬	288 000	340 000
流动资产合计	2 820 000	2 990 000	流动负债合计	934 500	1 108 500
固定资产			长期借款	841 000	931 500
固定资产原值	1 200 000	1 600 000	所有者权益		
减:累计折旧	455 000	467 500	实收资本	92 000	95 000
固定资产净值	745 000	1 132 500	资本公积		
无形资产			盈余公积		

续表

资　产	年初数	期末数	负债及所有者权益	年初数	期末数
			未分配利润	1 697 500	1 987 500
			所有者权益合计	1 789 500	2 082 500
资产总计	3 565 000	4 122 500	负债及所有者权益合计	3 565 000	4 122 500

4. 试根据表中数据绘制折线图,借以观察数据的动态变化情况。

2009年3月到2010年3月惠州市CPI指数情况如下表所示：

月份	2009.3	2009.4	2009.5	2009.6	2009.7	2009.8	2009.9	2009.10	2009.11	2009.12	2010.1	2010.2	2010.3
价格指数	98.9	97.8	97.9	97.4	96.8	97.9	98.3	98.7	99.1	100.5	100.5	103.7	102

三、达标训练

1. 在教师指导下,运用一家企业的会计报表资料,对该企业年度财务指标进行分析,形成分析报告。

2. 每周收集一些经济数据,写出研究报告,与专家解读进行对比。

3. 查阅统计年鉴,分析地方经济形势,与地方政府工作报告进行对照。

4. 利用寒暑假,开展对居住地所在地区一知名企业的专项调研和分析活动,可选择的调研主题包括:(1)生产分析,包括对生产均衡性、产品产量、产品品种、产品质量和生产成套性以及固定资产利用情况、材料供应和利用情况、劳动生产率、工时利用情况等影响生产各个主导因素的分析。(2)成本分析,主要包括对生产费用预算执行情况的分析、全部商品产品成本计划完成情况的分析、可比产品成本降低任务完成情况的分析、主要产品单位成本的分析、主要技术经济指标的变动对成本影响的分析,以及产品成本功能分析。(3)销售和利润分析,包括对产品销售和产品销售利润、其他销售利润、营业外收支,以及利润分配的分析。(4)资金分析,主要包括资金来源和资金占用状况的一般分析、固定资金利用情况的分析、定额和非定额流动资金的分析、流动资金周转率的分析、资金利润率的分析,以及产值资金率的分析。

第十一章 外汇套利和保值技术

内容提示

本章介绍了外汇、汇率、外汇交易等基本概念和基本知识,重点对外汇套利技术和外汇保值技术进行介绍和举例。在外汇套利技术中,介绍了套汇和套利两种获利模式;在外汇保值技术中,介绍了利用外汇期货市场进行保值的过程和方法。

随着经济和金融全球化进程的加快,企业的对外贸易和结算日益得到发展。在这一过程中,熟悉和掌握外汇和汇率知识及其交易法则,有利于企业主动识别和应对汇率风险,避免由于汇率的不利方向变动导致企业发生损失。本章介绍了外汇、汇率、外汇市场套利及避险方面的知识和方法,旨在让财经工作者将简易的外汇套利、保值技术变为岗位拓展技能,从而为我们所在的企业做出更大贡献。

第一节 外汇、汇率和外汇交易概述

一、外汇的概念和种类

(一)外汇的概念

外汇是指以外国货币表示的用于国际结算的支付手段,包括外国货币(纸币、铸币)、外币支付凭证(票据、银行存款凭证、邮政储蓄凭证等)、外币有价证券(政府债券、公司债券、股票等)、特别提款权以及其他外汇资产。外汇有两个显著特征,即以外国货币表示和可自由兑换。目前全世界有40多个国家和地区的货币是可自由兑换货币,但最常用的是美元、英镑、日元、欧元、加拿大元、澳大利亚元和港元等。

(二)外汇的种类

1. 外汇按来源和用途分类

它可分为贸易外汇和非贸易外汇。贸易外汇是一国进出口贸易所收付的外汇及与进出口贸易有关的从属费用外汇,如货款、运输费、保险费、佣金、广告费等。非贸易外汇是指一国进出口贸易以外所收付的各项外汇,如侨汇、旅游、航运、邮电、海关、银行、对外承包工程等收入和支出的外汇等。

2. 外汇按交割期限分类

它可分为即期外汇和远期外汇。即期外汇是指即期收付的外汇,一般即期外汇交易的成交双方在两个营业日内办理交割。远期外汇是指银行同业之间或银行与客户之间预先签订合同,商定外汇买卖数量、汇率和期限,到约定日期进行交割而收付的外汇。交割期限一般为1~6个月,最长不超过1年。

3. 外汇按形态分类

它可分为现钞和现汇。现钞是指各种外币钞票、铸币等。现汇又称转账外汇,是指用于国际汇兑和国际间非现金结算的、用以清偿国际间债权债务的外汇。

二、汇率的概念和种类

(一)汇率的概念

汇率又称汇价、牌价、兑换率,是指一个国家货币兑换成另一个国家货币的比率,或是以一种货币表示另一种货币的价格。

(二)汇率的标价方法

折算两种货币的比率,首先要确定以哪一种货币为标准,这就是汇率的标价方法。

1. 直接标价法

直接标价法又称应付标价法,是指以一定单位的外国货币为标准,折算为若干单位本国货币的标价方法,如 USD100=¥664.10。其特点是当汇率发生变化时,作为标准的外国货币不变,用表示外币价格的本国货币上下浮动来反映变化,即"外币不动本币动",例如,用 USD100=¥662.11 表示美元汇率下跌、人民币汇率上涨,用 USD100=¥666.32 表示美元汇率上涨、人民币汇率下跌。我国和世界上大多数国家都采用直接标价法。

2. 间接标价法

间接标价法又称应收标价法，是指以一定单位的本国货币为标准，折算成若干单位外国货币的标价方法，如￥100＝USD15.058 0。其特点是当汇率发生变化时，作为标准的本国货币不变，用表示本币价格的外国货币上下浮动来反映变化，即"本币不动外币动"。例如，用￥100＝USD15.103 2 来表示美元汇率下跌、人民币汇率上涨；用￥100＝USD15.007 8来表示美元汇率上涨、人民币汇率下跌。现只有美国、英国、澳大利亚和新西兰等少数国家采用间接标价法。

(三) 汇率的种类

从银行买卖外汇的角度划分，汇率可分为买入汇率、卖出汇率、中间汇率和现钞买入汇率、现钞卖出汇率。

1. 买入汇率

买入汇率又称买入价、汇买价，是指银行向客户买入外汇时使用的汇率，用以计算银行买入外汇时付出的本币数。

2. 卖出汇率

卖出汇率又称卖出价、汇卖价，是指银行向客户卖出外汇时使用的汇率，用以计算银行卖出外汇时收进的本币数。

3. 中间汇率

中间汇率又称中间价，是指外汇买入价和卖出价的平均价。中间汇率通常用作企业的记账汇率。我国从 1994 年开始由中国人民银行公布中间汇率，各外汇指定银行根据中国人民银行公布的中间汇率，自行计算制定本行的汇买价、汇卖价和钞买价。

4. 现钞买入汇率

现钞买入汇率又称现钞买入价、钞买价，是指银行买入外汇现钞时所使用的汇率。

5. 现钞卖出汇率

现钞卖出汇率又称现钞卖出价、钞卖价，是指银行卖出外汇现钞时所使用的汇率。我国现行的现钞卖出汇率与现汇卖出汇率相同。

三、外汇交易的概念和主体

(一)外汇交易的概念

外汇交易就是以约定的汇率将一种货币转换为另一种货币,并在确定的日期进行资金交割的业务。外汇交易的类型有多种,其中即期外汇交易、远期外汇交易和掉期交易是外汇市场上的基本交易形式,在此基础上,又出现套汇交易和套利交易,这些交易形式被称为传统外汇交易形式。在 20 世纪 70 年代以后,又出现了许多衍生外汇交易形式,如外汇期货交易、外汇期权交易、货币互换交易等。

(二)外汇交易的主体

参与外汇交易的当事人是多种多样的,既有各国的中央银行、商业银行、外汇经纪商、非银行金融机构,也有经济实体和个人。外汇交易按主体划分,有三个层次。

1. 外汇银行与客户之间的外汇交易,以商业性外汇交易为主

这一层次又称为零售业务(市场),每笔交易金额一般较小,主要是在银行与跨国公司、地方进出口商、政府和个人之间进行。其交易的目的主要是为了债权债务关系的结算清算、贸易融资及国际投资、外汇保值避险以及外汇投机等。

2. 外汇银行同业之间的外汇交易,以金融性外汇交易为主

这一层次又称批发业务(市场),交易量占外汇交易的绝大部分,且每笔交易金额通常较大。参与者主要是各类银行,其交易的目的主要是为了轧平资金头寸或通过外汇投机而盈利。在外汇买卖中,当外汇买入大于外汇卖出时,称为"长头寸"或"多头",长头寸持有者要承担汇率下跌的风险。反之,称为"短头寸"或"空头",短头寸持有者要承担汇率上升的风险。银行经营外汇的原则是"买卖平衡",银行头寸当天要进行轧差。

3. 外汇银行与中央银行之间的交易

中央银行为了维持汇率稳定和合理调节国际储备量,直接参与商业银行外汇市场买卖,调整外汇市场资金的供求关系,使汇率维系或限制在一定水平上。当市场外汇供不应求、外汇汇率上涨时,中央银行抛售外币、收回本币;当市场上外汇供大于求、外汇汇率下跌时,中央银行买进外币、投放本币。一些国家均有专门的机构(如外汇平准基金)和专门的资金从事该项活动。

(三)即期外汇交易中的常用英文表达

BUY/TAKE 买进　　　　　　　　OFFER/SEL[JGIVE 卖出
MINE/YOURS 我方买进/我方卖出　ASK PRICE/ASKRATE 询价/讨价

ASKED PRICE 卖方报价　　　　　QUOTE PRICE 报价
DEALING PRICE 交易汇价　　　　INDICATION RATE 参考汇价
OUT/OFF 取消报价　　　　　　　CEILING RATE 最高价
OUTRIGHT FORWARD 直接远期　　DISCOUNT&PREMIUM 贴水/升水
OVER BOUGHT(LONG)多头　　　　OVEBSOLD(SHORT)空头
POSITION 头寸　　　　　　　　　SQUARE 平仓
GO NORTH 上升　　　　　　　　 GO SOUTH 下降
NORMAL 正常金额　　　　　　　LARGE/SMALL 大额/小额
CONFIRMATION 确认书　　　　　MP(MOMENT PERIOD)稍候
VALUE DATE/DELIVERY DATE/MATURITY DATE 起息日、交割日、结算日
I SELL YOU FIVE USD 我卖给你 500 万美元
WHICH WAY ARE YOU 你做哪一头（你想买还是卖）

第二节　外汇套利技术

一、套汇交易

(一)套汇的概念和作用

套汇交易是指利用同一时间、不同地点两种货币间汇率的不一致、以低价买入同时以高价卖出某种货币以谋取利润的一种外汇交易。套汇又称地点套汇。

套汇交易的主要作用是调节外汇市场上的供求关系，消除不同地点的汇率差，使它们在世界范围内的汇率趋向一致。但随着现代通信技术和发达计算机网络的应用，世界各地外汇市场上的汇率差异正在缩小，而且存在的时间正在缩短，套汇实际操作的可能性缩小了。在我国的外汇交易中，套汇是明令规定不允许的。

(二)套汇的方式

1. 直接套汇

所谓直接套汇是指利用同一时间两个外汇市场之间存在的汇率差进行套汇，

也称为双边套汇或两地套汇。套汇的核心就是做到贱买贵卖,赚取汇率差价。

【例11—1】 张强发现某日在纽约外汇市场上的汇率为1美元=0.833 5欧元,同时在法兰克福外汇市场上1美元=0.823 5欧元。他该如何应对?

答:这时张强发现两地外汇市场上美元与欧元的汇率不一致,存在套汇的机会。可以在纽约外汇市场卖出美元、买入欧元,同时在法兰克福外汇市场卖出欧元、买入美元,做到贱买贵卖,只要付出1美元就可获得0.01欧元的套汇收入。

直接套汇是一种简单的套汇形式,它清楚地表明哪一市场的货币贵,同时该种货币在哪一市场便宜,很容易判断是否存在套汇机会并进一步确定交易方向。

2. 间接套汇

所谓间接套汇,是指利用同一时间至少三个外汇市场上的汇率差,进行贱买贵卖,从中赚取汇率差的行为。

间接套汇中最简单的是三地套汇,三地套汇也称三角套汇。判断三个外汇市场或三个以上外汇市场之间有无套汇机会相对直接套汇而言比较复杂。一个较简单的判断方法是:将三个或更多个外汇市场上的汇率按同一种标价法即直接标价法或间接标价法列出,把它们依次连乘,如果乘积为1,说明没有套汇机会;如果不为1,则有套汇机会。

【例11—2】 假设纽约市场1美元=1.133 5欧元,巴黎市场1英镑=1.517 4欧元,伦敦市场1英镑=1.720 0美元。判断上述情况下有无套汇机会?若有,应如何进行套汇?

答:首先把伦敦市场也变为直接标价法,即1美元=0.581 4英镑,然后将三地市场的汇率依次相乘得1.133 5×1.517 4×0.581 4=1,由此可知,无套汇机会。

【例11—3】 假设纽约市场1美元=1.333 5欧元,巴黎市场1英镑=1.859 6欧元,伦敦市场1英镑=1.654 3美元。判断上述情况下有无套汇机会?若有,应如何进行套汇?

答:首先把伦敦市场也变为直接标价法,即1美元=0.604 5英镑,然后将三地市场的汇率依次相乘得1.133 5×1.859 6×0.604 5=1.274 2,因为它们的乘积大于1,所以有套汇机会。

套汇交易的过程如下:

第一步,根据纽约市场和巴黎市场套算美元对英镑的汇率,1英镑=1.394 5美元,与伦敦市场英镑对美元的汇率相比,显然伦敦市场英镑贵、美元便宜。

第二步，在伦敦市场卖出英镑、买进美元，然后在纽约市场卖出美元、买进欧元，再到巴黎市场卖出欧元、买进英镑，这样就赚取了套汇的利润。

关于套汇交易的几点说明：

第一，套汇交易涉及一些成本，包括获得信息的费用以及电报费、电传费、付给外汇经纪人的佣金、某种货币买入和卖出的价差等交易费用，因此套汇的净利润取决于汇率差价和套汇成本两个因素。

第二，套汇活动是市场不均衡的产物，它使得套汇者能赚到毫无风险的利润；但同时套汇者的交易又使市场重新回到均衡，使同一种货币汇率在全世界范围内趋向一致。

第三，套汇交易获利的机会不会一直存在。当外汇市场上的汇率差等于套汇成本时，套汇交易就会停止。

第四，不同的国际金融中心处于不同的时区，只有比较营业时间重叠的外汇市场的报价才有意义。

二、套利交易

套利交易又称利息套汇，是利用两国市场的利率差异，把短期资金从利率低的市场调到利率高的市场投放，以赚取利率差额收入的外汇交易方式。这种交易方式在汇率相对稳定或朝向有利于己的方向变动的情况下采用。一旦汇率的变动和预期相反，套利者就会蒙受损失，足见套利实则是一种典型的投机活动。

套利活动根据其是否对外汇风险进行防范，分为不抛补套利和抛补套利。

（一）不抛补套利

所谓不抛补套利，主要是利用两国市场的利息率差异，把短期资金从利率较低的市场调到利率较高的市场进行投资，以谋取利息差额收入。

假设美国短期市场上的年利率为 6％，英国的年利率为 8％，银行在美国用 100 000 美元贷放 3 个月，到期能得到利息 1 500 美元。但如果将这笔资金投入英国，假定 3 个月后汇率不变，仍是 1 美元＝0.5 英镑，那么，把 100 000 美元兑换为 50 000 英镑存入英国，3 个月后本息为 51 000 英镑，然后再汇回美国可得 102 000 美元。这就是说，3 个月所得的利息，要比在美国贷放多得 500 美元（102 000－100 000－1 500）。

但是，在进行这项交易时要冒汇率变动的风险。假如 3 个月后的汇率不是 1 英镑＝2 美元，而是 1 英镑＝1.95 美元，本息 51 000 英镑只合 99 450 美元，不但没有多得利息,反而本金也赔了。

(二)抛补套利

抛补套利指套利者在把资金从甲地调入乙地以获取较高利息的同时,还通过在外汇市场上卖出远期的乙国货币以防范风险。例如,某银行在美国买进 50 000 英镑现汇进行套利的同时,卖出 3 个月的 50 000 英镑远期(即掉期交易),以避免英镑汇率变动的风险。

抛补套利不断进行的结果是高利率货币的现汇汇率上升(如美元)、期汇汇率下跌、贴水额加大。由于套利者大量买进美元现汇、卖出美元期汇,美元贴水就会不断扩大,套利成本由此相应地提高,收益减少。这种趋势继续到利差与贴水接近平衡时,套利活动机会停止。

一般来说,在浮动汇率体系下,汇率在套利期内不发生变化几乎是不可能的,因此,套利者在进行套利的同时,又进行抛补,才是既防范汇率风险,又可获得利息收入的安全之策。

套利和套汇一样,是外汇市场上重要的交易活动。由于目前各国外汇市场联系十分紧密,一有套利机会,大银行或大公司便会迅速投入大量资金。只要利率差异存在,套利就会存在。套利活动使各国货币利率和汇率形成了一种有机联系,两者互相影响、互相制约,从而推动国际金融市场一体化。

第三节 外汇保值技术

一、套期保值的概念

期货交易的套期保值是通过在期货市场上买进(卖出)与现货市场数量相同但交易方向相反的期货合约,以期在未来某一时间通过卖出(买进)期货合约而补偿因现货市场价格波动所带来的实际价格风险的交易方式。

套期保值者完成保值功能的基本因素是:在国际金融市场上,现货市场价格与期货市场价格的变动方向保持一致,涨跌幅度不完全相同,结果是现货市场交易发生亏损,期货市场交易就会盈利;相反,现货交易市场获得盈利,则期货交易市场出现亏损,两者冲抵可使现货市场的交易风险降至最低限度。套期保值是一种防御性的经济行为,只是为了规避风险,而不是为了获利,这使交易者盈时有度、亏时有限,达到基本保值的目的。

二、套期保值的操作

外汇期货的套期保值分为卖出套期保值和买入套期保值两种。卖出套期保值(空头套期保值)是指利用卖出外汇期货合约的方式降低套期保值者在现汇市场上因汇率下跌而带来的风险。出口商和从事国际业务的银行预计未来某一时间会得到一笔外汇,为了避免外汇汇率下浮造成的损失,一般采用卖出套期保值。

【例11—4】 美国的某一跨国公司设在英国的分支机构急需250万英镑现汇支付当期费用,此时美国的跨国公司正好有一笔闲置资金,于是在3月10日向其分支机构汇去了250万英镑,其分支机构3个月后偿还,当日的即期汇率为1英镑=1.579 0/1.580 6美元,远期3个月的汇率为1英镑=1.580 0/1.579 3美元。为了避免汇率变动带来风险,美国的这家跨国公司便在外汇期货市场上做英镑空头套期保值业务。其交易过程如下:

现汇市场:

3月10日,按当日汇率1英镑=1.580 6美元买进250万英镑,折合3 951 500美元。

6月10日,按当日汇率1英镑=1.574 6美元卖出250万英镑,折合3 936 500美元。

盈亏—15000美元(3 936 500—3 951 500)

期货市场:

3月10日,卖出100份于6月份到期英镑期货合约,每份25 000英镑,汇率为1英镑=1.580 0美元,价值3 950 000美元。

6月10日,按汇率1英镑=1.573 3美元买进100份于6月份到期的英镑期货合约,价值3 933 250美元。

盈亏 16 750 美元(3 950 000—3 933 250)

可见其净盈亏为1 750美元(16 750—15 000)

从上例中看出,美国的跨国公司在现汇市场上买进的250万英镑,3个月后兑换美元时,由于英镑汇率下浮,该公司在现汇市场上亏损15 000美元。但由于该公司在外汇期货市场上对现汇250英镑做了空头套期保值,卖出100份英镑期货合约,3个月后收回分支机构的还款时,又补进100份英镑期货合约对冲,在期货市场上获利 16 750 美元。盈亏相抵,获利 1 750 美元(未考虑相应的交易费用)。由此我们知道,该公司通过在外汇期货市场做空头套期保值交易,降低了现汇市场的风险,实现了对现汇保值的目的。若该公司不进行空头套期保值,将损失 15 000 美元。

买进套期保值(多头套期保值)是指交易者利用买进外汇期货合约的方式降低套期保值者在现货市场上因汇率上升而产生的风险。进口商或需要付汇的人因担心付汇时本国货币对外汇贬值,往往采用买入套期保值。

【例 11—5】 一美国商人 6 月 1 日签订合约,从英国进口一批货物,约定 3 个月后支付 100 万英镑。6 月 1 日的即期汇率为 1 英镑=1.580 6 美元,远期 6 个月汇率为 1 英镑=1.580 0美元,6 月 1 日的即期汇率为 1 英镑=1.574 6 美元,远期 6 个月汇率为 1 英镑=1.573 3 美元。

美国商人进行套期保值的过程如下:

现货市场:

6 月 1 日即期汇率为 1 英镑=1.580 6 美元,买入 100 万英镑,折合 1 580 600 美元。

9 月 1 日即期汇率为 1 英镑=1.574 6 美元,买入 100 万英镑,折合 1 574 600 美元。

盈亏 6 000 美元(1 580 600－1 574 600)

期货市场:

6 月 1 日买入 100 万远期 6 月英镑期货合约,汇率为 1 英镑=1.580 0 美元,折合 1 580 000 美元。

9 月 1 日卖出 100 万远期 6 月英镑期货合约,汇率为 1 英镑=1.573 3 美元,折合 1 573 300 美元。

盈亏损－6 700 美元(1 573 300－1 580 000)

在本例中,由于到了付款期英镑贬值、美元升值,所以美国商人参与买入套期保值,盈亏相抵后净亏损 700 美元(6 700－6 000),但是他避免了由于英镑汇率升值、美元汇率贬值带来的更大损失。由此也可看出,参与套期保值是对未来汇率的变动方向不能确定、为避免汇率不利变动带来的损失而采取的措施。如果能十分肯定汇率向有利于自己的方向变动,不参加套期保值就可获取汇率变动带来的利益。

业务题

一、基本技能训练

1. 计算下列各货币兑 SGD 的交叉汇率(设 USD/SGD=1.415 0/60)。

(1) EUR/USD=1.122 0/30,求 EUR/SGD。

(2) GBP/USD=1.526 0/80,求 GBP/SGD。

(3) USD/HKD=7.745 0/80,求 HKD/SGD。

(4) AUD/USD=0.721 0/20,求 SGD/AUD。

(5) USD/JPY=110.30/38,求 SGD/JPY。

2. 设美国货币市场的年利率为 10%,英国货币市场的年利率为 6%,若外汇市场行情如下:美元兑英镑的即期汇率 GBP/USD=1.465 5/65

6 个月远期　　15/32

一投资者用 10 万英镑进行 6 个月套利交易,计算该投资者的损益情况。

3. 某公司 1 个月后将有一笔 100 万英镑应收款,同时在 3 个月后将对外支付 100 万英镑。现时外汇市场行情是:

美元兑英镑的即期汇率 GBP/USD=1.465 5/76

1 个月远期　　15/32

3 个月远期　　42/50

该公司如何进行掉期交易?试计算结果。

4. 设某日外汇市场行情如下:

美国纽约:GBP/USD=1.490 0/10

瑞士苏黎世:USD/CHF=1.720 0/10

英国伦敦:GBP/CHF=2.251 0/20

假设你有 100 万英镑,问:

(1) 请计算该市场中是否存在套汇机会?

(2) 如果有套汇机会,应该如何操作?套汇收益是多少?

二、应用与思考

1. 假定某美国公司 1 个月后有一笔 50 万英镑外汇收入,GBP/USD 即期汇率为 1.320 0 美元。为避免 1 个月后英镑贬值的风险,决定卖出 8 份 1 个月到期的英镑期货合约(8×62 500 英镑),成交价为 GBP 1=USD 1.322 0。1 个月后英镑果然贬值,即期汇率为 GBP 1＝USD 1.280 0,相应地,英镑期货合约的价格也下降到 GBP 1＝USD 1.282 0。如果不考虑佣金、保证金及利息等,试计算其盈亏。

2. 假定 2010 年 10 月中旬外汇市场行情为:即期汇率 USD/JPY＝116.40/116.50,如果可以看出美元表现为贴水,一美国进口商从日本进口价值 10 亿美元的货物,在 3 个月后支付。为了避免日元兑换美元升值所带来的外汇风险,进口商从事了远期外汇交易的套期保值。

(1)若美国进口商不采取避免汇率变动风险的保值措施,现在就支付 10 亿日元需要多少美元?

(2)设 3 个月后的汇率为 USD/JPY＝115.00/115.10,则到 2002 年 1 月中旬才支付 10 亿日元需要多少美元? 比现在支付日元预计要多支出多少美元? 美国进口商如何利用远期外汇市场进行套期保值?

3. 英国一家出口公司获利 3 000 万美元,6 个月后收汇,设即期汇率为 GBP/USD＝1.700 0。为保值,该公司买入 6 个月期权,协议价格为 GBP/USD＝1.750 0,期权费为每英镑 0.02 美元。如果 6 个月后实际汇率为 GBP/USD＝1.800 0,则该公司是否应做期权交易? 盈亏如何?

4. 我国某公司出口某商品原报价每吨 1 000 美元离岸价,现外商要求改报瑞士法郎价格,依下列两种情况应分别改报多少法郎?

(1)中国外汇市场上,USD 1＝CNY 8.260 0/8.263 0,CHF 1＝CNY 6.140 0/6.144 0。

(2)纽约市场上 USD 1＝CH Fl. 450 0/1.456 0。

5. 我国某外贸公司进口仪表,外商提出的商品单价美元报价和瑞士法郎报价分别为 200 美元和 310 瑞士法郎,即期付款。当时纽约外汇市场 USD/CHF＝1.600 0。那么,我公司接受何种报价较为有利? 为什么?

6. 我国某公司对外报出口商品每吨 10 000 人民币,客户回电要求改报美元。那么,我公司应报多少美元(查阅我国当日某家银行的外汇牌价)?

7. (1)假设在某月某日某一时刻,某外汇市场的外汇行情如下:

香港:1 美元＝7.812 3/7.851 4 港元

纽约:1 英镑＝1.332 0/1.338 7 美元

伦敦:1 英镑＝10.614 6/10.721 1 港元

试问:能否进行地点套汇? 若能,应如何进行操作? 若有 100 万港元,套汇者最多能获得多少利润?

(2)某日在香港外汇市场上,即期汇率为 1 美元＝7.465 0/7.470 2 港元,3 个月远期升水为 70/80 点。试计算 3 个月期美元的远期汇率。

第十二章　凭证单据的审核

📢 内容提示

本章主要从外来凭证单据及内部凭证单据两个方面介绍企业日常经济活动中凭证单据的审核要点和方法,学习中应注意对凭证单据实例的认识和理解。

企业的会计、业务部门每天都要接触大量来自企业内外部的凭证和单据,在对这些单据进行处理和利用之前,往往要进行严格的审核,对于错误、违规、虚假或不符合手续的各类凭证单据,应当拒绝办理或予以退回,对于违法违纪事项还要上报上级主管部门。本章将介绍企业日常经济活动中流转量较大的凭证单据的审核要点和方法。

第一节　企业经济活动中常见凭证单据概述

原始凭证又称单据,是在经济业务发生时取得或填制的,用以记录经济业务的发生或完成情况、明确经济责任并具有法律效力的文字凭据。企业经济活动中常见的凭证单据主要有发票、委托银行收款结算凭证、借款单、差旅费报销单、收料单和领料单等。

凭证单据按其来源不同,可分为外来凭证单据和自制凭证单据。

一、外来凭证单据

外来凭证单据是指同外部发生经济往来时，从外部单位或个人处取得的单据。如购买货物时取得的增值税专用发票、收款单位开出的收款收据、银行的各种结算凭证、对外支付款项时取得的收据，以及出差取得的飞机票、车船票、住宿发票等。

外来凭证单据"发票"的格式如表 12－1 所示，"统一银钱收据"如表 12－2 所示。

表 12－1　　　　　　　　　　增值税专用发票

No.

开票日期：　　年　　月　　日

购货单位	名称					纳税人登记号		
	地址、电话					开户银行及账号		
商品或劳务名称		规格型号	计量单位	数量	单价	金额	税率（%）	税额
合　计								
价税合计（大写）		拾　万　仟　佰　拾　元　角　分　¥_____						
销售单位	名　称					纳税人登记号		
	地址、电话					开户银行及账号		

销货单位（章）：　　　　收款人：　　　　复核：　　　　开票人：

表 12－2　　　　　　　　　　统一银钱收据

No.

今收到_____

交　来_____

人民币（大写）_____¥_____

收款单位　　　　　　　收款人

（公章）_____　　（签章）_____　　　　年　月　日

增值税专用发票是由国家税务总局监制设计印制的,只限于增值税一般纳税人领购使用,既作为纳税人反映经济活动的重要会计凭证,又是兼记销货方纳税义务和购货方进项税额的合法证明,是增值税计算和管理中重要的、合法的专用发票。

一般纳税人应通过增值税防伪税控系统使用专用发票。

专用发票由基本联次或者基本联次附加其他联次构成,基本联次为三联:发票联、抵扣联和记账联。发票联,作为购买方核算采购成本和增值税进项税额的记账凭证;抵扣联,作为购买方报送主管税务机关认证和留存备查的凭证;记账联,作为销售方核算销售收入和增值税销项税额的记账凭证。其他联次用途,由一般纳税人自行确定。

专用发票开具时应做到:项目齐全,与实际交易相符;字迹清楚,不得压线、错格;发票联和抵扣联加盖财务专用章或者发票专用章;按照增值税纳税义务的发生时间开具。

二、自制凭证单据

自制凭证单据即内部凭证单据,是指由本单位内部经办业务的部门和人员在执行或完成某项经济业务时填制的、仅供本单位内部使用的单据。按其填制方法的不同,又可分为一次凭证、累计凭证和汇总凭证单据。

(一)一次凭证

一次凭证是指凭证的填制手续是一次完成的,用以记录一项或若干项同类性质经济业务的单据,如收料单、领料单、销货发票、收款收据、费用报销单、工资单等,大部分自制凭证单据都是一次凭证。外来的凭证单据一般都是一次凭证。如表12—3所示的收料单就是一次凭证。

表 12—3　　　　　　　　　　晋阳食品厂收料单

类别：原料及主要材料　　　　　　　　　　　　　　　　　　　　　　No._____

库别：1号库　　　　　　　　　2011年6月20日　　　　　　　　　金额单位：元

材料编号	名称	规格及型号	计量单位	数量 应收	数量 实收	实际成本 买价 单价	实际成本 买价 金额	实际成本 运杂费	实际成本 其他	实际成本 合计
	白砂糖		千克	1 000	1 000	4.2	4 200.00			4 200.00
请购单位	供应科	供应单位		宏发糖厂		单据号码				
备 注										

主管：　　　　　　验收：　　　　　　采购：　　　　　　制单：

（二）累计凭证

累计凭证是指在一定时期内在一张凭证中，连续记录同类经济业务，期末按其累计数作为记账依据的自制凭证单据。主要适用于大量重复发生的经济业务。累计凭证一般为自制凭证单据，如工业企业的"限额领料单"就是典型的累计凭证，其格式如表12—4所示。

表 12—4　　　　　　　　　　限额领料单
　　　　　　　　　　　　　　　年　月　日

材料类别：黑色金属　　　　　　　　　　　　　　　　　　发料仓库：1号仓库

领料单位：三车间　　　　　　　　　　　　　　　　　　　产品编号：006

用　　途：A

材料编号	材料名称及规格	计量单位	本月领用限额	计划单位成本	备　注
0205	圆钢18mm	kg	3 000	4.30	

日期	实发 数量	实发 金额	实发 发料人签名盖章	实发 领料人签名盖章	限额结余	退库 数量	退库 领料单编号
2	1 000	4 300	略	略	2 000		
12	900	3 870	略	略	1 100		
22	1 000	4 300	略	略	100		
合　计	2 900	12 470					

供应部负责人：　　　　　　　　　生产计划部门负责人：

(三) 汇总凭证单据

汇总凭证单据也称为凭证单据汇总表,是对一定时期内反映经济业务内容相同的若干张单据,按照一定标准综合填制的单据。这种凭证单据的作用主要是把许多同类性质的经济业务汇总后一次记账,以简化会计工作。如收料凭证汇总表、汇出材料汇总表、工资结算汇总表、差旅费报销单、销售日报等。"收料凭证汇总表"的格式如表 12-5 所示。

表 12-5　　　　　　　　　　原材料收料凭证汇总表
　　　　　　　　　　　　　　　　年　月　日

材料类别	计划成本	实际成本	材料成本差异
原料及主要材料			
辅助材料			
备品备件			
燃　料			
合　计			

审核:　　　　　　　　　　　制表:

值得注意的是,有些单据不是凭证单据,由于它们不能证明经济业务已经发生或完成情况,不能作为编制记账凭证和登记账薄的依据,如用工计划表、经济合同、银行存款余额调节表、派工单等。

第二节　外来凭证单据的审核要点和注意事项

为了正确核算和监督各种经济业务事项,保证会计核算资料的真实、正确和合法,凭证单据取得或填制完成以后,财会部门和经办业务的有关部门和人员必须对其进行审核,并及时将凭证单据送交会计机构,会计人员也必须对其进行严格的审核。

凭证单据的审核是一项十分细致而严肃的工作,必须坚持原则、依法办事。

对于不真实、不合法的凭证单据,会计人员有权不予受理,并要向单位负责人报告;对于记载不准确、不完整的凭证单据应予以退回,并要求按照国家统一的会计制度的规定更正、补充。凭证单据审核无误后,才能作为编制记账凭证和登记明细分类账的依据。

一、外来凭证单据审核的规范要求

(1)核对外来凭证单据上各个记载事项是否与实际业务相符,对与实际业务不相符的凭证单据,财务人员应该拒绝办理相应的业务。

(2)外来凭证单据上的各项内容应该无遗漏项,尤其是收款单位、付款单位等项目,财务人员对缺项的外来凭证单据应该拒绝受理,并责成有关经办人员负责外来凭证单据的更换。

(3)外来凭证单据同样不能有任何涂改,涂改的外来凭证单据无效,需要开票单位重新开具。财务人员同样不能以涂改后的凭证单据为依据办理相应的义务。

(4)核对外来凭证单据的大、小写金额是否相符,对大、小写金额不相符的外来凭证单据,财务人员应该拒绝办理。

(5)外来凭证单据上是否有开票单位的财务专用章或者发票专用章,印章是否清晰,财务人员对没有开票单位印章的凭证单据应责成有关人员补盖印章,对印章不清晰的,要求有关人员补盖清晰的印章。

(6)外来凭证单据如果为无碳复写多联的,收据联应该为复写字迹,不能直接用笔书写,如果不是复写字迹,而是直接用笔书写,财务人员应该拒绝办理。

(7)外来凭证单据应该为相关部门认可的正式票据,如税务监制的发票、财政部监制的行政事业单位银钱收据等。

(8)对不能取得相关正式发票的,财务人员应该责成相关的业务人员写出正式的书面说明,按照授权管理制度和审批权限,报相关的领导人员进行审批,并在书面说明上签署意见,财务人员按照领导的批示办理相应的业务。

(9)对普通的没有得到认可的收据,财务人员应该拒绝受理,只有取得正式的票据后,才能作为办理财务事项的依据。

(10)相关的人员按照公司的授权管理等制度的规定,应该在外来的凭证单据后面或者适当的位置签字,包括经办人员的签字、领款人员的签字、相关领导的签字。如为领导的签字,应该签上"同意"两个字。凡是签字人,在签字的同时,要签上签署的日期。

(11)出纳人员应该在上述审核完毕、凭证单据合规的情况下支付相应的款项,并加盖"现金付讫"、"银行付讫"的印章。

二、外来凭证单据的审核要点

下面以两种常见的外来凭证单据为例,说明其审核的要点。

(一)增值税专用发票

1. 凭证的名称

外来凭证单据必须有明确的名称,以便于凭证的管理和业务处理。增值税专用发票上必须注明"增值税专用发票"字样。

2. 审核基本要素

在确认增值税发票是税务部门允许使用的专用发票的基础上,根据《会计基础工作规范》的规定,进行其基本要素构成的完备性检查,即审核凭证的名称,凭证填制日期和编号,接受单位名称,经济业务内容,数量、单价和金额,填制凭证单位名称及经办人的签名并盖章等。

3. 接受审核单位名称

审核接受单位名称,即通常所说的"抬头"。审核凭证上的"抬头"是否与本单位名称相符,有无添加、涂改的现象。如果不符,应查清为什么在本单位报销,防止把其他单位或私人购物的发票拿来报销。

4. 审核"发票号码"、"开票日期"、"报销日期"

首先审核同一单位出具的凭证,其号码与日期是否矛盾。如果同一单位出具的凭证较多,可以通过摘要排序发现。例如,某单位开出的 14667 号发票的日期是 2010 年 9 月,而同本中 14682 号发票的开具日期却为 2009 年 7 月。后经审核,该事项严重违纪。

其次,要审核凭证开具的日期与报销日期是否异常。一般情况下,上述两者的日期不会间隔太长。如果较长,则要查询原因。

5. 审核填写内容

发票中各项内容填写不规范、不齐全、不正确,涂改现象严重,是虚假原始支出凭证的主要表现特征。如凭证字迹不清,"开票人"仅填"姓氏",计量单位不按国家计量法定单位而随意以"桶"、"袋"、"车"来度量,或货物名称填写不具体,或胡乱填写其他物品名称。

6. 审核金额

具体检查以下方面：数量乘单价是否等于金额，税额是否等于金额乘增值税税率，价税合计是否等于金额加税额，分项金额相加是否等于合计数，小写金额是否等于大写金额，阿拉伯数字是否涂改。

7. 审核是否"阴阳票"

采用增值税专用发票办理结算业务，复写是必不可少的环节。对于背面无复写笔迹的专用发票（通常称"阴阳票"），存在"大头小尾"的可能性，必须向持证人查询原因。

8. 审核"限额"

出于票证管理的需要，有的发票规定最高限额为"千位"，但是开票人却在发票上人为地增添一栏"万位"。这样的发票开票金额不得超过1 000元。

9. 审核"经济内容"

审核专用发票与填写的经济内容是否一致。

10. 审核签章

主要是检查印章是否符合规定。这里所说的印章，是指具有法律效力和特定用途的"公章"，即能够证明单位身份和性质的印鉴，包括业务公章、财务专用章、发票专用章、结算专用章等。虚假发票印章的一般特征表现为：印章本身模糊，或盖印时有意用力不够以致不清晰；专用章不是采用符合规定的印章而是乱盖其他印章，张冠李戴。此外，有的甚至干脆不盖印章。

11. 审核报销手续

即重点检查增值税专用发票报销必须经过的程序。例如，采购货物的入库有无经手人、验收人、审批人，还必须按单位的审批制度、程序、权限，由相应单位负责人审批。通过上述程序的审核，认定增值税发票的真实性、合法性，从而防止虚假和舞弊的发生。

(二) 银行汇票

银行汇票是出票银行签发的，由其在见票时按照实际结算金额无条件支付给收款人或者持票人的票据。银行汇票的出票银行为银行汇票的付款人。单位和个人的各种款项结算，均可使用银行汇票。银行汇票具有使用灵活、票随人到、兑现性强等特点，适用于先收款后发货或钱货两清的商品交易。

银行汇票可以用于转账，填明"现金"字样的银行汇票也可以用于支取现金。银行汇票的付款期限为自出票日起1个月内，超过付款期限提示付款不获付款的,持票人须在票据权利时效内向出票银行做出说明,并提供本人身份证件或单位证明,持银行汇票和解迄通知向出票银行请求付款。银行汇票如表12－6、表12－7、表12－8所示。

表12－6

×× 银行

银行汇票

第　号

出票日期（大写）	年 月 日	代理付款行：	行号：
收款人：		账号：	
出票金额	人民币（大写）		
实际结算金额	人民币（大写）	千 百 十 万 千 百 十 元 角 分	

申请人：_____ 账号或住址：_____
出票行：_____ 行号：_____ 科目(借)_____
备　注：_____ 对方科目(贷)_____
凭票付款　　　　　　　多余金额　　　兑付日期　　　年 月 日
　　　　　　　千 百 十 万 千 百 十 元 角 分　复核　　　　　　记账

此联代理付款行付款后作联行往账借方凭证附件

出票行盖章
10cm×17.5cm(专用水印纸蓝油墨,出票金额栏加红水纹)　注:汇票号码前加印省别代号

表12－7

被背书人	被背书人	被背书人	
背书人签章 年 月 日	背书人签章 年 月 日	背书人签章 年 月 日	贴粘单处

持票人向银行　　　　　　　身份证件名称：_____
提示付款签章：　　　　　　号　　码：_____
发证机关：

表12-8

××银行

银行汇票 (解讫通知)

第　号

| 出票日期（大写） | 年　月　日 | 代理付款行： | 行号： |

收款人：　　　　　　　　　　账号：

出票金额 人民币（大写）

实际结算金额 人民币（大写）　　　千百十万千百十元角分

申请人：＿＿＿＿＿＿　　　　账号或住址：＿＿＿＿＿＿＿

出票行：＿＿＿＿行号：＿＿＿

备　注：＿＿＿＿＿＿

代理付款行盖章

多余金额　千百十万千百十元角分

科目(借)＿＿＿＿＿＿
对方科目(贷)＿＿＿＿＿＿
兑付日期　年　月　日
复核　　　记账

复核　　经办

10cm×17.5cm(白纸红油墨,实际结算金额栏加红水纹)　注:汇票号码前加印省别代号

此联代理付款行兑付款后随报单寄出票行，由出票行作多余款贷方凭证

对银行汇票主要审核以下几点：

(1)日期的写法是否正确。票据的出票日期必须使用中文大写。为防止变造票据的出票日期，在填写月、日时，月为壹、贰和壹拾的，日为壹至玖和壹拾、贰拾和叁拾的，应在其前加"零"；日为拾壹至拾玖的，应在其前加"壹"。如1月15日，应写成零壹月壹拾伍日。再如10月20日，应写成零壹拾月零贰拾日。

(2)收款人名称是否准确。收款人名称应与预留印鉴名称一致，不能多字、少字、错字。比如"哈尔滨市长城公司"不能写为"哈尔滨长城公司"。

(3)大写金额书写是否准确，与小写金额是否一致。

(4)用途是否合理。

(5)正面是否加盖单位预留印鉴，加盖位置是否适当，如是否盖到下面的条码上、是否有重影等。

(6)是否有支付密码(前提是有圈存器的情况下)。

(7)票面有无涂改。

(8)背面是否加盖单位预留印鉴背书。

(9)是否填写取款人姓名和证件号码。

三、外来凭证单据审核的注意事项

外来凭证单据如果审核不严,将会带来一定的危害:

(1)造成填制凭证单据单位的财务部门对该单位的部分资金失控。财务部门对其所收款项是否符合上级的收费标准和收费范围,以及资金的流向缺乏了解,更谈不上对该款项从政策上进行控制和管理。

(2)为铺张浪费提供了可能的条件。由于不正规凭证单据的存在,形成了账外资金,此项资金主要用于单位不合理的各种开支,而且只需某些领导的同意即可支取,带有很大的随意性。

(3)为设立小金库提供了方便的条件。不经单位财务部门管理和控制的资金就形成了该单位的小金库,也就是将从事正常经济业务的资金通过不正规的凭证单据的渠道转变成非正常的奖金。这部分资金大部分用于不正当的经济活动,为搞不正之风提供了经济来源。

(4)为贪污、行贿等犯罪活动提供可乘之机。账外资金大部分管理不善,缺乏健全的财务管理制度,没有相应的传递手续,在一定程度上很容易被不法分子所利用,变公有为私有。

由此可见,不规范、不合理的凭证单据,不仅给国家和人民的财产带来严重的经济损失,也会严重地腐蚀一批意志薄弱的党员干部和从事管理工作的有关业务人员,我们必须在具有高度警惕性的同时,提高业务理论水平和防控能力,严格把好凭证单据的审核关。

外来凭证单据的常见错弊形式有以下几种,审核时应引起注意:

1. 会计错误

(1)凭证单据无名称。外来凭证单据应有名称,各凭证名称应与其记载、反映的经济活动一致。

(2)凭证单据名称不准确。如有的企业对于材料名称的说明不够简明或准确。

(3)数字书写不清晰。

(4)金额前未加人民币字样或标志性符号。例如,会计金额前未加人民币符号;大写金额前未注明"人民币"字样,且留有空余,易被人在此和相应阿拉伯数字前填加数字,达到贪污的目的。

(5)"整"字填写错误。例如,288元写为贰佰捌拾捌元,漏写了"整"字,而288.32元写为贰佰捌拾捌元叁角贰分整,多写了"整"字。

(6)凭证单据编号错误、缺失、不连续。凭证单据一般应按照一定的标准或顺序编号,在实际工作中存在着凭证单据无编号、编号不连续、编号连续但不符合经济业务实际情况的错误。

(7)凭证单据摘要缺失、过繁或过简。

(8)凭证单据日期缺失或错误。

(9)凭证单据汇总时重汇、漏汇,如多汇付款凭证、少汇收款凭证等。

(10)凭证单据签章不全、造假。

(11)弄错凭证单据的接收单位或人员。例如,凭证单据中的印鉴错误会使单位财务人员对其真实性和合法性产生怀疑。

2. 会计舞弊

凭证单据会计舞弊是指篡改、伪造、窃取、不如实填写凭证单据,或利用旧、废凭证单据来将个人花费伪造为单位的日常开支,借以达到损公肥私的目的。

针对以上注意事项,在审核外来凭证单据时,可以利用以下方法:

(1)被刮、擦、用胶带拉扯过的凭证单据,其表面总会有毛粗的感觉,可用手摸、背光目视的方法检查出来;对用"消字灵"等化学试剂消退字迹而后写上的凭证单据,其纸张上会显示出表面光泽消失、纸质变脆、有泛黄色污斑和略微可见的笔画残留痕迹、纸张格子线和保护花纹受到破坏、新写的字迹由于药剂作用而渗散或变淡等特征中的一条或几条。

(2)被改写过的凭证单据,其文字分布位置不合比例,字体不是十分一致,有时会出现不必要的重描和交叉笔画。

(3)对于伪造的凭证单据,可以通过对比凭证单据的防伪标志来鉴别。

(4)对于冒充签字的凭证单据,其冒充签字常常在笔迹熟练程度、字形、字的斜度、字体方向和形态以及字与字、行与行的间隔、字的大小、压力轻重、字的基本结构等方面存在差异,有时可以通过肉眼观察发现。

(5)凭证单据的经手人经常藏而不露,有名无姓或有姓无名,如果仔细追查很可能查无此人。

(6)凭证单据上的时间与业务活动发生的时间及以后的入账时间相去甚远。

(7)凭证单据上的金额一般只有一个总数,而没有分项目的明细。

(8)凭证单据明显不规范,要素不齐全,缺少部分要素,其关键要素经常出现模糊的情况,以致让人对经济业务活动的全貌感到模糊。

(9)主要业务凭证与其他相关的凭证不能匹配。如销售货物只有销售发票而无托运证明、发货单据、结算凭证等。

第三节　内部凭证单据的审核要点和注意事项

一、内部凭证单据审核的规范要求

(1)内部凭证单据应该由相关业务的经办人员填写,不能由不相关人员代笔填写。

(2)内部凭证单据的各项内容应该用黑色碳素笔填写,不能用圆珠笔、铅笔或者其他颜色的笔填写。

(3)内部凭证单据上各项内容的填写不能涂改,更不能用涂改液进行修正,凡是有涂改、挖、补的,财务人员应让相关的经办人员重新填写一张凭证单据。

(4)内部凭证单据上的业务内容要符合公司的有关规定(比如差旅费、住宿费等),大小写金额应该一致。

(5)小写金额前面要加人民币符号"￥",并且符号和金额之间不能留有空白,大写金额应该写在(大写人民币)后面,之间也不能留有空白。

(6)各相关人员应该按照授权管理制度、签字管理制度、预算管理制度的有关规定,在上述各管理制度的框架之内行使相应的签字权。出纳人员以及相关的财务人员应该按照有关规定与各相关被授权人员的签字进行比对,看签字是否为本人亲自签署,对发现模仿领导笔迹的,应该拒绝支付任何款项,并应及时将情况向领导报告。

(7)出纳人员应该在上述审核完毕、凭证单据合规的情况下支付相应的款项,并加盖"现金付讫"、"银行付讫"的印章。

(8)财务人员在上述审核无误的前提下,办理与财务有关的业务。

(9)财务人员对记载内容缺项的内部凭证单据,应该责成相关的经办人员补齐,未能补齐内容的,财务人员应该拒绝接收,更不能以内容缺项的内部凭证单据为依据进行款项的支付,比如领款人没有签字的凭证单据等。

二、内部凭证单据审核的要点

(一)限额领料单

限额领料单是为了成本控制而产生的,它同领料单的区别在于它多了一项"定额"。在领料时,仓库发料人员可以根据"定额"栏的数量来确定是否发料,如果要领的材料累计已超过定额,仓库就不能发料。

限额领料单是多次使用的累计领发料凭证。在有效期间内(一般为一个月),只要领用数量不超过限额就可以连续使用。领料的限额是班组为完成规定的工程任务所能消耗材料的最高数量标准,是评价班组完成施工任务情况的一项重要指标,是一种自制凭证单据,可以累计使用。限额领料单不仅起到事先控制材料消耗的作用,而且可以减少原始凭证的数量和简化填制凭证的手续。

限额领料单按以下要点进行审核:

(1)审核凭证名称。即审核是否注明"限额领料单"。

(2)审核经济业务的内容。如审核是否注明领用的材料名称等。

(3)审核经济业务的数量和金额。如审核是否注明所领材料的数量、金额等。

(4)审核经济业务的当事单位和当事人。如审核是否注明某车间的某产品领用等,某车间即是当事单位和当事人。

(5)审核责任单位和责任人。每一项经济业务的发生,都有其特定的责任人。如领用材料时的领用车间、领用人、发料人等即为责任单位和责任人,在审核限额领料单时,审核是否每次领用均注明领用单位、领用人、发料人等,以明确责任。

(6)审核是否注明每次的领用时间。限额领料单可在限额内多次使用,每次领用时必须注明领用时间。

(7)审核是否超出限额。如累计领用材料已超出审批的限额,就不能继续使用。

(8)审核实发与累计数量核对关系是否正确。

(二)差旅费报销单

差旅费报销单是出差人员完成出差任务回来以后进行报销的一种专门用途的固定表格式单据,它不能代替发票、车票及其他一些凭证单据的功能。其格式如表12-9所示。其审核要点有以下几个方面:

(1)报销明细表上是否填列了各次车、船、飞机出发和到达的日期,即月、日、钟点和地点;

(2)是否填列了出差的各次车、船、飞机票别和金额;

(3)是否填列软席或硬席的卧铺票别和金额;

(4)是否填列了市内交通费按不同车票单价的张数合计的票价金额(若企业实行了市内交通包干,此项业务可以改革);

(5)是否填列了住宿费金额;

(6)出差补助费用是否符合本单位的补助标准;

(7)是否填列了有关订票费、退票费、邮电费、行李费、运输搬运费、资料费、文具费、会议交通费和其他等项费用分项的合计金额;

(8)是否有报销人签字或签章,是否有相关责任人签字或签章。

表12-9　　　　　　　　　　差旅费报销单

部门：　　　　　　　　　　　　　　　　　　　　　　年　月　日

出差人姓名		车船费	途中补助			事由		住宿费	住勤补助			其他费用	结算情况	
起止日期	起讫地点		天数	标准	金额	起止日期	工作地点		天数	标准	金额		项目	金额
													预借款	
													报销	
													退款	
													支现	
													附单据　张	
合计(大写)													￥	

单位领导：　　　　财会主管：　　　　审核人：　　　　报领人：

三、内部凭证单据审核的注意事项

(一)限额领料单

限额领料单是为了成本控制、避免浪费而产生的,同领料单的区别在于它多了一项"定额"。其实质是一种计划生产,在生产的具体环节上控制材料的使用。就像企业要做预算一样,定出的预算与实际开支进行对比,关注超出计划外部分,对其分析。这样做,正好体现了生产过程中事前、事中、事后的"三控制"原则。

限额领料要求对生产过程的充分了解,避免不必要的材料浪费,严格控制材料成本。如果限额领料后的材料节约度与绩效挂钩的话,还可以提高生产车间员工的积极性,减少成本压力,提升管理水平。因此在实际工作中,各个企业都很注重对限额领料的管理,从而减少企业不必要的浪费。

(二)差旅费报销单

差旅费必须在各部门预算总额内控制开支,但有些差旅费开支过大,且差旅费报销单的填制极不规范,所附原始单据五花八门,具体表现在:

(1)任务、路线不明。部分差旅费报销单填制出差事由不明确,有的只填"因公",导致有些人借出差之名,改道走亲访友、游山玩水。

(2)时间、日期不详。有些差旅费报销单不填制出差日期、制单日期和报销日期,以至于同一张报销单所附单据时间上相差很多。

(3)支出票据杂乱。差旅费报销单所附票据五花八门、包罗万象,有外地票据,有本地票据,有吃喝招待、景点门票、办公用品、礼品购物等。

因此,在审核差旅费报销单时,应看其是否遵循这样一个程序,即出差人员填制差旅费报销单——直属上级审查——分管领导核准——财务人员审核——出纳结算付款。各分管领导应对差旅费报销的真实性、合理性负全面责任。同时财务人员、稽核人员、资金管理人员按规定对报销手续、预算额度、票据合法性、真实性、出差标准进行审核并对此负责,以避免企业资金的不必要损失。

凭证单据的审核是一项非常严肃、重要的工作,会计人员必须熟悉国家有关法规和制度以及本单位的有关规定,这样才能掌握审核和判断是非的标准,确定经济业务是否合理、合法,从而做好凭证单据的审核工作,实现正确有效的会计监督。

业务题

一、基本技能训练

1. 2009年6月27日,明达电机厂采购员谢亮报销当月去石家庄购买材料的差旅费,其具体情况如下:

(1)车费:6月13日,大同至石家庄硬卧165元,6月18日石家庄至大同硬卧170元。

(2)住宿费:480元(4天,每天120元)。

(3)途中补助:80元(2天,每天40元)。

(4)住勤补助:160元(4天,每天40元)。

(5)列车餐费补助:25元/次。

(6)预借款：1 500元，余款以现金退回。

采购员谢亮填写的差旅费报销单见表12－10，请指出其错误之处并改正。

表12－10　　　　　　　　差旅费报销单　　　　　　　　2010年6月27日

部门：供应科

出差人姓名		谢亮		共1人		事由		购买材料					
起止日期	起讫地点	车船费	途中补助			起止日期	工作地点	住宿费	住勤补助			其他费用	结算情况	
			天数	标准	金额				天数	标准	金额		项目	金额
6.13～6.13	大同—石家庄	165	1	40	40	6.14～6.17	石家庄	480	4	40	160	25	预借款	1500
6.18～6.18	石家庄—大同	170	1	40	40							25	报销	1845
												740（公文包）	退款	
													支现	345
													附单据4张	
合计（大写）		壹仟捌佰肆拾伍元整								￥1845.00				

单位领导：　　　　财会主管：　　　　审核人：　　　　报领人：谢亮

2. 假设明达电机厂销售科业务员张强于2009年6月10日填制的增值税专用发票如表12－11所示，请指出其错误并加以改正。

表12－11　　　　　　　　黑龙江省增值税专用发票

记账联　　　开票日期　2009年6月10日

购货单位	名　　称：东方明珠有限公司 纳税人识别号：3708662346633898 地址、电话：哈尔滨市民主路16号 6230355 开户行及账号：工商银行民主路支行 8040－4129	密码区	6+－〈2〉6〉927+296+/　＊加密版本 01 446〈600375〈35〉〈4/　＊ 37009931410 2－2〈2051+24+2618〈7 07050445 /3－15〉〉09/5/－1〉〉〉+2
货物或应税劳务名称	规格型号	单位	数量	单价	金　额	税率	税额
甲产品	CG-1	件	500	200.00	100000.00	17%	17000.00
甲产品	HG-2	件	100	500.00	50000.00		8500.00
合　计					￥150000.00		25500.00
价税合计（大写）	⊗拾陆万伍仟伍佰元					（小写）￥165500.00	
销货单位	名　　称：明达电机厂 纳税人识别号：370863786263589 地址、电话：哈尔滨市民主路108号 65560368 开户行及账号：中国建设银行福州路支行 560101180016	备注	

收款人：　　　　复核：　　　　开票人：张强　　　　销货单位：（章）

第三联　记账联　销货方记账凭证

二、应用与思考

某公司购进货物一批,取得一份增值税专用发票的抵扣联和发票联,会计人员审核过程如下,指出审核时的不足之处:

(1)购货方为本单位,单位名称、开户行、账号等无误。

(2)货物名称为某型号钢材,数量 100 吨,单价 5 000 元,金额 500 000 元,税额 85 000 元,价税合计 585 000 元,大小写正确、一致。

(3)销货方栏记载的销货单位名称与购货合同所记载的单位名称一致。

(4)销货单位公章与销货单位栏记载一致、清晰。

(5)销货单位开票人为王丽。

附录

1. 全国珠算技术等级鉴定试题示例(普六级)

全国珠算技术等级鉴定试题
普通六级练习题

(一)	(二)	(三)	(四)	(五)	(六)	(七)
1 396	3 417	43	58	813	742	854
62	−548	615	741	56	8 046	67
7 089	25	509	2 306	48	85	−45
83	−74	34	−872	2 470	173	9 203
8 140	6 753	257	39	38	167	78
95	91	1 760	−804	4 503	4 790	392
361	−902	82	73	579	57	16
38	47	506	5 902	94	324	1 640
6 364	3 918	71	89	7 381	61	−781
956	−203	9 128	−136	65	8 905	−5 039
82	54	683	4 710	903	19	−23
5 701	5 190	34	−32	48	487	432
79	−61	97	4165	5 092	35	−61
735	829	2 905	−96	12	7 061	4 025

(八)	(九)	(十)	乘算(×)	除算(÷)
27	3 612	481	①184×42=	①1 222÷26=
738	−47	2 408		
572	805	39	②91×328=	②3 180÷53=
1 905	16	74		
273	3 647	328	③34×267=	③2 450÷70=
15	85	46		
7 608	431	28	④436×168=	④2 542÷31=
572	1 950	74		
609	−4 520	9 063	⑤65×703=	⑤1 216÷64=
93	364	219	⑥28×93=	⑥954÷18=
541	285	58		
6 028	38	37	⑦82×47=	⑦6 080÷80=
−89	4 105	4 019	⑧659×93=	⑧3 680÷92=
726	−91	86		
			⑨58×17=	⑨1 260÷45=
			⑩27×52=	⑩7 189÷79=

2. 全国珠算技术等级鉴定试题示例(普五级)

全国珠算技术等级鉴定试题
普通五级练习题

(一)	(二)	(三)	(四)	(五)
5 603	473	7 063	415	3 878
735	2 064	854	2 340	−975
4 218	367	192	−817	754
946	524	136	613	7 602
279	1 780	204	−705	−581
785	412	6 871	6 274	497
8 053	706	943	932	−2 758
598	8 012	159	518	−561
319	354	524	−8 106	468
7 962	613	193	523	4 605
3 180	705	4 960	7 634	379
687	6 084	587	691	548
306	932	236	297	8 950
295	5 082	776	−3 625	−713
741	794	8 029	−417	361

(六)	(七)	(八)	(九)	(十)
623	6 813	638	8 230	426
7 208	485	571	169	806
961	397	9 230	−489	6 751
586	2 074	169	5 602	−862
8 041	319	489	−394	705
159	637	5 183	470	−507
6 802	8 140	419	9 308	2 381
793	925	832	693	−489
536	7 409	6 091	−249	5 602
706	825	547	6 751	−394
274	652	217	−862	−745
7 105	346	4 180	705	−2 018
683	420	3 068	−507	352
693	913	592	2 381	586
425	8 075	971	194	7 149

乘　算(精确到0.01)

① 454×79＝
② 28×728＝
③ 0.75×7.06＝
④ 95×327＝
⑤ 784×65＝
⑥ 0.927 2×0.64＝
⑦ 32×325＝
⑧ 187×35＝
⑨ 503×644＝
⑩ 37×6 194＝

除　算(精确到0.01)

① 495.32÷82＝
② 4 956÷59＝
③ 1 484÷28＝
④ 1 106÷14＝
⑤ 636÷76＝
⑥ 2.427 3÷0.34＝
⑦ 15 250÷61＝
⑧ 10 634÷409＝
⑨ 23 556÷302＝
⑩ 35 217÷903＝

3. 全国珠算技术等级鉴定试题示例（普四级）

全国珠算技术等级鉴定试题
普通四级练习题

（一）	（二）	（三）	（四）	（五）
627.58	10.26	59.67	9 072	716
2.09	7 308.26	1.09	－601	4 807.31
48.75	10.48	60.52	839	－31.87
370.14	587.19	4 638.59	597	9.56
4 638.59	5.41	9.71	－26.34	174.39
9.71	98.60	41.35	50.28	－9.62
60.54	3.72	7.84	4 807.31	6 180
4.37	627.58	38.29	－31.87	591
7 154.38	2.09	7.50	9.56	－273
6.14	48.75	7 154.38	174.39	346
341.82	370.14	6.14	－9.62	－195
2.61	4 638.59	341.82	5.04	8 072
7 308.26	9.71	2.61	42.97	－4 601
10.48	41.35	703.54	－308.56	839
587.19	7.84	67.98	9.12	597

（六）	（七）	（八）	（九）	（十）
4 128	214	106 538	60.59	5.34
859 367	859 367	497	－7.15	7.18
34 205	34 205	1 923	3.82	－4.26
680	680	748	8.31	62.08
5 129	5 129	50 639	30.72	7.91
120 837	389 761	8 160	－57.04	－4.13
513	34 596	724	5.34	8.31
3 674	7 982	240 537	1.86	－30.95
51 068	240 537	962	－10.65	14.06
749	962	7 216	62.08	2.87
829	7 216	358	7.91	－6.14
215	358	849	－4.13	78.04
49 708	849	6 017	9.27	9.53
194	4 370	59 306	－2.16	－3.89
6 073	985	5 481	4.89	6.15

乘　算（精确到0.01）

① 16×5 092＝
② 278×632＝
③ 3 907×865＝
④ 0.42×0.863 1＝
⑤ 5 459×28＝
⑥ 76×3 472＝
⑦ 804×491＝
⑧ 3.7×0.507 9＝
⑨ 2 763×48＝
⑩ 446×2 426＝

除　算（精确到0.01）

① 48 576÷704＝
② 4 400÷16＝
③ 18.020 1÷5.98＝
④ 44 932÷47＝
⑤ 265 650÷690＝
⑥ 40 112÷872＝
⑦ 1 965.87÷2.43＝
⑧ 113 997÷481＝
⑨ 0.124 7÷0.205＝
⑩ 32 627÷79＝

附录

财经基本技能与训练

4. 全国珠算技术等级鉴定试题(普三级)

全国珠算技术等级鉴定试题
普通三级练习题

(一)	(二)	(三)	(四)	(五)
560 793	4 871	863	732 051	403 782
625	480 793	4 305	692	81 293
24 807	625	803 149	84 206	706
1 362	24 807	32 051	−8 914	−5 801
54 817	1 362	650 917	150 469	−482
684	98 534	7 382	−72 814	9 753
730 265	426	34 902	−9 537	732 051
9 321	803 149	5 231	26 145	692
97 106	32 051	601 579	639	84 206
834	650 917	97 106	403 782	−8 914
231 758	7 382	834	81 293	501 743
5 378	72 956	231 758	706	−96 371
617 852	64 093	97 106	−6 914	−8 537
96 704	925	834	501 743	26 145
29 140	78 614	231 758	−96 371	639

(六)	(七)	(八)	(九)	(十)
89.57	521.03	705.64	6 238.04	2 194.76
4 601.35	4 209.81	2 491.58	9.58	9.38
930.42	86.17	7.39	−570.19	−43.52
4.85	4 601.35	521.03	2 194.76	720.93
130.87	930.42	4.27	9.38	−5 706.81
8 618.02	4.85	843.09	−43.52	495.02
43.75	68.71	9 108.52	720.93	−89.16
6.13	1 503.28	63.81	625.14	2.73
705.64	796.13	250.74	−70.29	190.47
2 491.58	2.79	8 503.28	458.70	8 238.04
7.39	49.05	796.13	−19.62	9.58
521.03	8 021.67	2.79	−5 804.16	−570.19
4 209.81	186.58	89.24	8 630.15	−62.34
86.17	5.34	1 506.78	4.38	2 159.06
952.34	3 497.26	475.16	157.39	783.41

乘 算(精确到0.01)
① 854×725=
② 9 614×729=
③ 2.834 6×5.73=
④ 712×3 80 5=
⑤ 195×856=
⑥ 0.546 2×4.73=
⑦ 632×781=
⑧ 3.76×0.106 4=
⑨ 437×60 349=
⑩ 742×249=

除 算(精确到0.01)
① 271 005÷623=
② 163.212÷348=
③ 0.634 734÷0.108 6=
④ 175 490÷805=
⑤ 462 688÷761=
⑥ 389.651 4÷4.75=
⑦ 335 937÷941=
⑧ 54 609÷327=
⑨ 494.561 0÷54.9=
⑩ 211 410÷290=

5. 全国珠算技术等级鉴定试题(普二级)

全国珠算技术等级鉴定试题
普通二级练习题

(一)	(二)	(三)	(四)	(五)
79 201	912 583	70 468	904 378	5 126 398
346 875	7 046	4 937	−3 706	−6 754
8 712 039	58 702	521 604	−7 034	902 841
70 468	687 139	8 356	5 097	−46 518
372 015	90 348	84 796	940 328	−41 305
6 049 257	623 954	452 607	−96 251	7 650
3 461	79 201	9 035	4 263 807	49 285
534 809	346 875	768 351	501 262	−752 468
81 627	8 712 039	401 927	71 846	8 276 531
912 583	9 013	5 624 718	−837 029	731 296
7 046	43 508	812 693	6 754	−60 849
58 702	136 027	9 013	902 841	1 437
687 139	85 214	43 508	−46 518	904 378
1 604	712 069	136 027	54 021	−3 706
42 953	5 021	85 214	−9 375	520 841

(六)	(七)	(八)	(九)	(十)
704.25	70.14	40 256.19	42 530.16	4 621.08
91.56	3 029	5 863.47	−8 341.20	−68.71
4 128.09	93.85	12 463.90	78.69	74 963.49
65 289.37	16 429.37	90.17	59 263.41	−405.97
46 309.27	973.05	6 725.84	−78.65	4 621.08
8 472.69	60.79	561.38	902.78	−68.71
930.56	8 652.71	42.05	3 629.04	376.69
50.74	704.25	7 038.61	61 530.16	−1 926.38
7 081.52	91.56	40.73	−8 341.20	82 963.49
62 489.37	4 128.09	179.26	78.69	−405.97
156.98	65 289.37	40 256.19	50.87	574.31
5 261.83	73.64	5 863.47	8 074.39	9 031.85
70.14	1 302.98	207.94	−30.74	−58.76
3 029	514.80	95.31	−936.21	107.28
93.85	3 450.83	3 981.29	1 897.45	5 392.04

乘　算(精确到0.01)	除　算(精确到0.01)
①7 524×4 872=	①7 229 370÷794=
②170.38×0.658=	②34.512 51÷7.306 4=
③4 017×659=	③618 057÷2 081=
④66.9×2.120 9=	④3 407.59÷8.17=
⑤4 342×5 094=	⑤3 340.170÷695=
⑥8.69×28.08=	⑥4 324.04÷740.9=
⑦6 419×8 721=	⑦174 091÷237=
⑧43.36×84.47=	⑧4.785 87÷0.573=
⑨7 194×514=	⑨213 125÷625=
⑩529×4 163=	⑩471 504÷893=

6. 全国珠算技术等级鉴定试题(普一级)

全国珠算技术等级鉴定试题
普通一级练习题

(一)	(二)	(三)	(四)	(五)
43 250 698	4 987 501	306 589	71 260 584	34 706 851
38 649	92 361	4 120 763	81 729	9 283
27 150	8 047	21 985 073	−3 651	−691 547
5 963	239 571	2 346	73 821	17 204
2 410 587	43 250 698	4 970 513	30 965 478	2 398
27 538	38 649	719 806	−5 108 624	6 297 351
10 649 527	27 150	20 894 756	90 732	56 710 483
8 914	9 102 546	12 364	34 706 851	−405 879
306 589	38 725 401	3 985	9 283	6 213 974
4 120 763	6 387 065	207 168	−691 547	54 260 584
21 985 073	689 231	3 421 795	4 532 801	81 729
6 431	4 728	86 172	−697 182	−3 651
27 658	750 961	495 037	−35 602	−5 726 409
5 804 976	3 469	60 149	7 956	−387 651
461 023	51 087 234	8 345	49 301 728	24 839

(六)	(七)	(八)	(九)	(十)
427 590.31	381 670.49	1 350.42	41 263.07	310 297.56
4 287.61	52 034.91	7 608.93	−593.34	39 102.47
20 894.17	678.52	514 896.27	82.19	83.67
52 034.91	3 318.46	50 632.89	579 803.64	−78 106.94
678.52	293.86	14.79	129.63	570 823.16
3 318.46	59.42	531.68	92.75	−2 435.08
26.05	73 160.84	427 590.31	−41 085.32	179.56
450 698.17	5 067.19	4 287.61	−7 419.68	42 079.31
3 241.50	107 843.25	20 894.17	584.06	−8 523.96
82 306.94	963.21	306.24	310 297.56	18.74
675.01	78 605.24	897 635.12	39 102.47	41 263.07
38.29	93.51	40.63	83.67	−593.34
209 415.73	302.68	795.01	−958.21	82.19
681.49	4 970.25	83.62	42.87	−7 605.34
78 026.35	659 043.78	75 048.61	45 068.91	520 968.17

乘　算(精确到0.01)	除　算(精确到0.01)
①50 748×7 506=	①5 552.811 4÷9.57=
②2 169×8 723=	②1 123 056÷6 381=
③8.205 4×28.14=	③16 414.07÷36.4=
④75.06×1.767 3=	④1 330 068÷4 908=
⑤6 981×4 165=	⑤21 540 110÷59 014=
⑥9 243×6 804=	⑥1 895 028÷2 357=
⑦19.67×5.818 3=	⑦11.572 5÷0.126=
⑧4 498×9 267=	⑧5.185 41÷0.083=
⑨305.1×0.805 4=	⑨20 179 210÷25 706=
⑩440.9×73.47=	⑩7 168 883÷791=

参考文献

1. 刘彩珍:《计算与点钞技能》,西南财经大学出版社2004年版。
2. 李海波:《珠算》,立信会计出版社2004年版。
3. 张建强:《会计基本技能》,中国财政经济出版社2005年版。